見てわかる視覚心理学

大山 正・鷲見成正 [著]

鷲見成正・五十嵐賢紘 [DVD制作]

鈴木清重 [映像制作・素材提供]

新曜社

まえがき

　原始時代に洞窟の壁に彫り込んだ絵は当時の人類の祈りや願いを表したものであろう。現代においては、絵画やテレビや映画やアニメーションによって、人々は多くの情報と感動を得ている。視覚は人々の生活に欠くことのできないものである。停電で暗黒となった場合や、視覚に障害が生じたとき、我々の生活は大いに妨害される。視覚映像は生活に欠かせないものである。

　色彩も形も運動も人々にさまざまな感情を与える。赤は情熱を青は平静を、円は完全を、星形は敬意を、不規則な直線形は怒りや警戒を訴える。敏速な運動は軽快さを低速な運動は重厚さを印象付ける。

　これらは視覚心理学が扱う問題であるが、その応用範囲は広い。心理学を学ぶ人びとだけでなく、デザイナー、アニメーターの方々、それを志す学生の皆さんにも是非知っていただきたい。

　「百聞は一見に如かず」の格言があるが、視覚に興味のある人々には、文章で示すより、映像を示した方が，理解しやすい。筆者は某美術大学で、デザイン関係の学生さんに視覚心理学を講義したことがあるが、講義するより、映像を示す方が、興味を持ってくれ、理解してもらえた経験がある。その経験が、本書を編集する動機の一つになっている。

　本書は色、形、空間の章は大山が担当し、運動の章は鷲見先生に担当をお願いした。また運動は図だけでは表示できないので、DVDを添付してある。これが本書の特徴の一つでもある。DVD中の運動画像作成と編集には鈴木清重氏、五十嵐賢紘氏のご努力によ

るところが大きい。

　本書に図と写真の引用を許可された多くの著者、作者、出版社のご厚意に深く感謝したい。

　最後にはなるが、このユニークな本の企画に賛成していただき、細部の編集や、図や写真の転載許可に大変お世話になった新曜社の塩浦暲社長のご厚意とご努力に深謝したい。
　　2014年2月
　　　　　　　　　　　　　　　　　　　　　著者を代表して
　　　　　　　　　　　　　　　　　　　　　　大山　正

目　次

まえがき　　*i*

第 1 章　色の知覚　　*1*

- 1.1　色覚の基礎　　*2*
  - 1.1.1　光と色　　*2*
  - 1.1.2　色覚説　　*4*
  - 1.1.3　色円と色立体　　*6*
  - 1.1.4　明るさの対比と色の対比　　*10*
- 1.2　色の効果　　*12*
  - 1.2.1　明るさの同化、色の同化　　*12*
  - 1.2.2　進出色－後退色、膨張色－収縮色　　*12*
  - 1.2.3　色の誘目性　　*18*
  - 1.2.4　SD 法の利用　　*18*
  - 1.2.5　色と活動性　　*21*
  - 1.2.6　色と軽明性　　*25*
  - 1.2.7　色の象徴性　　*25*
- 1.3　色彩調和　　*28*
  - 1.3.1　色彩調和論　　*28*
  - 1.3.2　色彩調和の実証的研究　　*30*
  - 1.3.3　2 色配色が与える色彩感情　　*31*
- 【参考図書】　　*36*
- 【引用文献】　　*36*

第 2 章 　形の知覚 　　　　　　　　　　　　　　　39

- 2.1 　形の成立 　　　　　　　　　　　　　　　　40
  - 2.1.1 　図と地 　　　　　　　　　　　　　　40
  - 2.1.2 　主観的輪郭 　　　　　　　　　　　　42
  - 2.1.3 　形と方向 　　　　　　　　　　　　　44
  - 2.1.4 　形の多義性 　　　　　　　　　　　　44
- 2.2 　錯視 　　　　　　　　　　　　　　　　　　48
  - 2.2.1 　錯視の種類 　　　　　　　　　　　　48
  - 2.2.2 　錯視のメカニズム 　　　　　　　　　50
- 2.3. 　形の群化 　　　　　　　　　　　　　　　　54
  - 2.3.1 　群化の要因 　　　　　　　　　　　　54
  - 2.3.2 　群化の要因の量的比較 　　　　　　　58
- 2.4 　形の象徴性 　　　　　　　　　　　　　　　61
  - 2.4.1 　maluma と takete の表わす形 　　　61
  - 2.4.2 　国際比較 　　　　　　　　　　　　　61
- 【参考図書】 　　　　　　　　　　　　　　　　　63
- 【引用文献】 　　　　　　　　　　　　　　　　　63

第 3 章 　空間の知覚 　　　　　　　　　　　　　　67

- 3.1 　3次元空間の知覚と表現 　　　　　　　　　68
  - 3.1.1 　2種類の視覚像 　　　　　　　　　　68
  - 3.1.2 　透視画（図）法 　　　　　　　　　　68
  - 3.1.3 　透視画法の問題点 　　　　　　　　　72
  - 3.1.4 　遠近感の誇張 　　　　　　　　　　　74
- 3.2 　遠近感の手がかり 　　　　　　　　　　　　78
  - 3.2.1 　基本的手がかり 　　　　　　　　　　78
  - 3.2.2 　絵画的手がかり 　　　　　　　　　　80
- 3.3 　知覚空間の性質 　　　　　　　　　　　　　84
  - 3.3.1 　大きさの恒常性 　　　　　　　　　　84
  - 3.3.2 　遠近の錯視 　　　　　　　　　　　　88
- 【参考図書】 　　　　　　　　　　　　　　　　　93
- 【引用文献】 　　　　　　　　　　　　　　　　　93

第4章　運動の知覚　　　　　　　　　　　　　　　95

- 4.1　凝視と追視　　　　　　　　　　　　　　96
  - 4.1.1　自動運動　　　　　　　　　　　　97
  - 4.1.2　運動残像　　　　　　　　　　　　98
  - 4.1.3　速さと距離　　　　　　　　　　　100
  - 4.1.4　軌道の歪み　　　　　　　　　　　101
- 4.2　動きのかたち　　　　　　　　　　　　　102
  - 4.2.1　枠組み効果　　　　　　　　　　　102
  - 4.2.2　動きの方向　　　　　　　　　　　104
  - 4.2.3　奥行き運動　　　　　　　　　　　106
  - 4.2.4　伸縮性運動とオプティカルフロー　107
  - 4.2.5　運動の分岐　　　　　　　　　　　108
  - 4.2.6　機械的因果性　　　　　　　　　　109
  - 4.2.7　バイオロジカル・モーションの知覚　112
  - 4.2.8　ストロボ視　　　　　　　　　　　114
  - 4.2.9　仮現運動　　　　　　　　　　　　115
- 4.3　動くものの形　　　　　　　　　　　　　119
  - 4.3.1　形状の変化　　　　　　　　　　　119
  - 4.3.2　回転運動視　　　　　　　　　　　120
  - 4.3.3　運動輪郭線　　　　　　　　　　　123
  - 4.3.4　スリット視　　　　　　　　　　　125
- 【参考図書】　　　　　　　　　　　　　　　128
- 【引用文献】　　　　　　　　　　　　　　　128

人名索引　　139
事項索引　　143

装幀＝五十嵐賢紘

第 1 章

色の知覚

　色覚の研究は長い歴史を持つ。ニュートンがプリズムを用いて太陽光を虹の7色に分解したことは、よく知られている。彼は「光には色がついていない」という名言をはき、色はそれらの光が人の目に入った時に生じる感覚であることを、早くも洞察している。ニュートンの説に挑戦したゲーテは、ニュートンが取り上げなかった色の感情的な作用の研究に先鞭をつけた。さらにヘルムホルツによって、3種の視覚神経を仮定する3色説が提出された。またカンディンスキーによって色による膨張・収縮、進出・後退について論じられた。今日では、3種の神経の存在も実証され、色の感情効果も心理学的に測定され、さらに色の調和についても種々の研究がなされている。

1.1 色覚の基礎

1.1.1 光と色

　ニュートン（I. Newton）は、1666年に彼が当時住んでいたケンブリッジ大学のトリニティ・カレッジの一室で、プリズムを使い太陽の光線を分散させて、それらのスペクトル中に赤・橙・黄・緑・青・藍・菫の7色が含まれていることを見出した（**図 1.1**）。虹の七色である。赤がもっとも屈折しにくく虹の一番外側にある色光で、菫が最も屈折しやすく、虹の一番内側にある。紫は虹の7色には含まれていない。虹の7色といっても、7色だけに限るわけではなく、それぞれの中間的な色がある。たとえば赤と橙の間には、赤から次第に橙色を帯びていく、さまざまな中間的な色がある、**図 1.2** に示す色のスペクトルである。その後、これは光の波長の変化に伴う、色の違いであることがわかった。しかし、光自体に色が付いているわけではなく、光が人の目に入り、波長に応じてさまざまな色の感覚を呼び起こすのである。ニュートンはすでにこの事実に気づき、「光線には色がついていない」という名言を述べている。彼はさらにそれらの分散した光をレンズで集めると白色光に戻ることを見出した（図 1.1）。またそれらの光のうちの一部（たとえば赤く見える光と緑色に見える光）を混合すると別の色（赤光と緑光の混合の場合は黄色）に見えることを発見した。この現象を混色（color mixture）と呼ぶ。このような色光による混色を、絵の具の混色（減法混色, subtractive color mixture）と区別して加法混色（additive color mixture）と呼ぶ。加法混色は3台の投光器を用いて実現できる（**図 1.3**）。スペクトルの両端の赤と菫を混色すると紫が生じる。

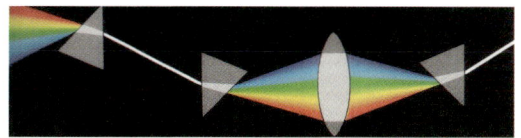

図1.1 ニュートン（1730）による光の分散と混色

図1.2 色のスペクトル

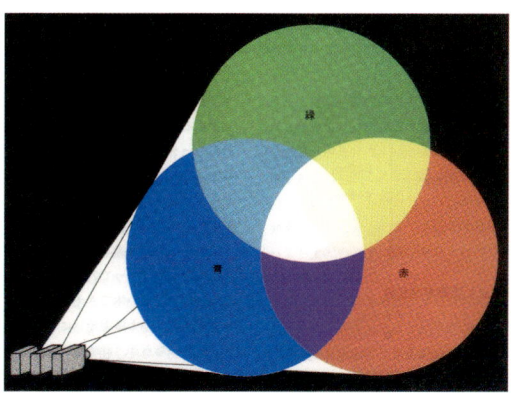

図1.3 色光による混色

1.1.2　色覚説

　色を区別し、色覚を体験するための目のメカニズムに関する代表的な学説として、ヤング・ヘルムホルツ（Young-Helmholtz）の3色説とヘリング（E. Hering）の反対色説がある。3色説は前述の加法混色の事実に基づいている。カラーテレビの画面には赤・緑・青の3種の発光体しかないのにあらゆる色が見える。たとえば赤と緑が発光し青が発光しない場所は黄色が見える。3色が均等に発光していれば、白く見える。ニュートンが17世紀にすでに実証していたこの混色の事実に基づいて19世紀初頭にヤング（T. Young）が網膜中には3種の神経末端があり、その興奮の比率でさまざまな色覚が生じるという説を提出した。その後ヘルムホルツ（H. Helmholz）が五感に対応する神経の分化に関するミューラー（J. Müller）の特殊神経エネルギー説を視覚の属性にまで拡張して、ヤング–ヘルムホルツの3色説（trichromatic theory）を確立した（**図1.4**）。それによると網膜には3種の錐体（cone, 視細胞）があり、それぞれ長、中、短の波長領域の光に感度が高く、それぞれの錐体が伝える興奮の大きさの比率関係によって、さまざまの色の感覚が生じるとされる。この説は長らく仮説であったが、その後わが国の生理学者冨田恒男らによって光の波長に応じて異なった反応をする3種の錐体が電気生理学的方法により発見され、実証された（大山, 1994）。

　他方、黄色は赤と緑の混色で生じるが、黄は赤みも緑みもないユニークな色である点から黄も原色に数え、赤と緑、黄と青、白と黒を対立する色（反対色, opponent color）と考え、赤と緑のような反対色同士は同じ過程の反対の極と仮定する反対色説が、19世紀末にヘリングによって提唱された（**図1.5**）。この反対色説の生理的基礎も、錐体レベルよりも高次の神経過程で見出されている。現在で

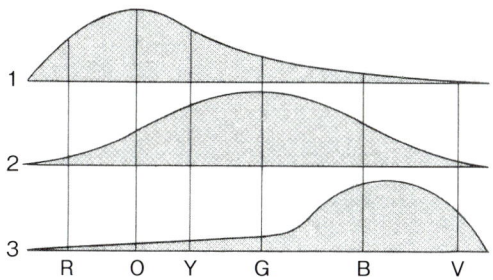

図1.4 ヤング-ヘルムホルツの3色説 (Helmholtz, 1911/1924)

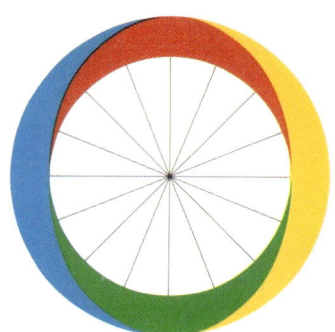

図1.5 ヘリングの反対色説 (Hering, 1920/1964)

第1章 色の知覚———5

は、反対色説は3色説と対立する説ではなく、それぞれ、多段階の処理を行っている視覚神経機構の異なった処理段階に関する説であって、両立しうるものとされている（大山, 1994）。

1.1.3　色円と色立体

　スペクトルの両端の赤と菫は波長に関してはもっとも離れた光であるが、色味は比較的似ている。この赤と菫の間に、本来スペクトルにはない色相である紫をはさんでつなげて円環状に並べると、すべての色相を表す色円（color circle）ができる。**図 1.6**がその例である。色円上では色が似た色が順に並び、一巡して元の色に戻る。ニュートン（Newton, 1730）がすでに色円を提唱し、重心の原理により、色円を混色によって生じる色の予測に用いた（**図 1.7**）。ゲーテ（Goethe, 1810/1999）は、赤と緑、黄色と青のように対立する色を、色円上で反対の位置に配置して、彼の色彩論の説明に用い、さらに色彩調和論の基礎とした（**図 1.8**）。多くの色彩研究者からさまざまな色円が提唱されている。提唱者により、色の配置が微妙に異なる。
　さらにその色円の中央を垂直に貫く軸をつけて、その軸上の高さで明度（lightness, 明るさ）を表し、円の中心からの距離で彩度（saturation, 鮮やかさ）を表すと、円筒座標系によってすべての色を3次元空間中に配置することができる。これを色立体（color solid）と呼ぶ。中央に黒・灰・白の無彩色が垂直に並び、その周囲をさまざまの有彩色が取り囲む。たとえば**図 1.9**、**図 1.10**、**図 1.11**に示すマンセル（A. H. Munsell）の色立体はその例である。色立体にもさまざまなものがある。マンセルの色立体は方向、高さにより凹凸があり、対称的でないのが特色である。色相（hue）、明度によって最大の彩度（chroma）が異なるとしたからである。一般に、明度の尺度は反射率をたとえば10、20、30、40、50%…のように単純に比例させず、むしろ反射率をたとえば5、10、20、40、80%の

図 1.6 色円の例（Hering, 1920/1964）

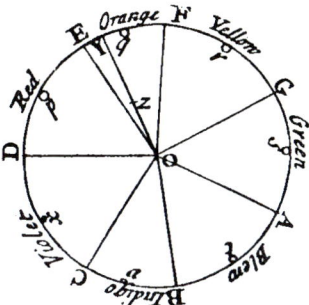

図 1.7 ニュートンの色円
（Newton, 1730）

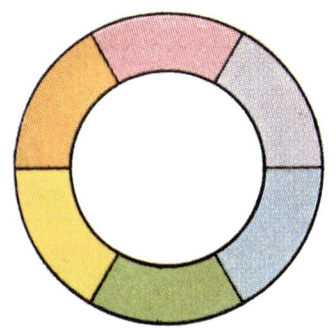

図 1.8 ゲーテの色円（Goethe, 1810）

図 1.9 マンセルの色円
（Bond & Nickerson, 1942）

第 1 章 色の知覚───7

図1.10　マンセルの色立体（A）（資料提供：日本色研事業㈱）

ように等比数列的に変化させた方が、感覚的に等歩度に変化して感じられやすい。図1.12は感覚的にほぼ等歩度になるように作られた明度尺度（グレイ・スケール）の例を示す。

　ドイツの化学者であるオストワルト（W. Ostwald）は20世紀初頭に、独自の色立体を考案している（大山, 1994）。彼の色立体は、ヘリングの反対色説に基づく色円を中央に、その上と下に白と黒を頂点とする正立と倒立の円錐をつけた算盤玉のような形をしている（図1.13、図1.14）。オストワルトの色円は理想的な純色（明度は一定しない）を円周上に並べたもので、上下頂点も反射率が100％と0％の理想的な白黒である。垂直軸は反射率が等比数列的に変化する灰色に相当する。すべての色は純色・白・黒の混色率にしたがって、色立体内に配置される。すると、色立体内で垂直に並ぶ色は同一の純色混合率を持つ等純度系列、垂直平面内で上の円錐表面に平

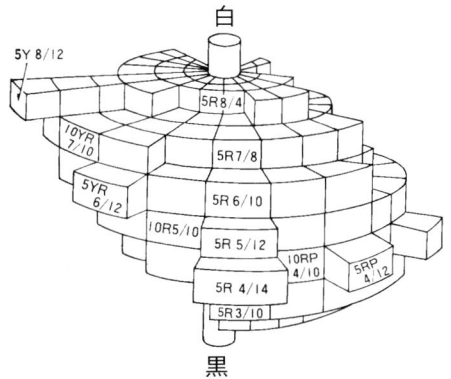

図1.11 マンセルの色立体（B）
(Bond & Nickerson, 1942)

図1.12 グレイ・スケールの例

図1.13 オストワルトの色円
(Bond & Nickerson, 1942)

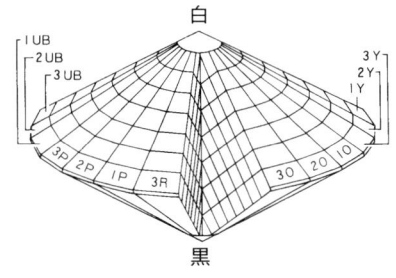

図1.14 オストワルトの色立体
(Bond & Nickerson, 1942)

行に斜めに並ぶ色が等黒系列、下の円錐表面に平行に斜めに並ぶ色が等白系列、さまざまな水平な円環上に並ぶ色系列が等価色系列となる（福田, 1996; 日本色彩学会, 2003）。

1.1.4　明るさの対比と色の対比

　強度の異なった２つの刺激が、同時または継時的に提示されると、それらの感覚の差が強調されて感じられることがある。たとえば**図1.15**の左右の灰色の円は本来同じ灰色なのに、白の背景に囲まれた場合は黒の背景に囲まれた場合よりも暗く感じられる。明るさの対比（brightness contrast）である。一般に明るさの対比は、主として、明るい周囲がそれより暗い部分の明るさをさらに暗く見せる、抑制的効果に基づいている（大山, 1994）。

　また同じ灰色部分を色の背景の上におくと、**図1.16**のように背景と反対の色に薄く色づいて見える。たとえば赤に囲まれると灰色部分が淡く緑に色づいて見える。また青の背景に囲まれる少し黄色に色づいて見える。色の対比（color contrast）である。また囲まれた部分が灰色でなく、有彩色の場合は、背景の補色（comprementary color, 色円の反対側にある色）に色づいて見える。ともに背景との差異が強調されるのである（大山, 1994）。

　一般に、背景（誘導）領域が大きいほど、明るいほど、彩度が高いほど、また時間空間的に近接しているほど対比は大きく生じる。空間的間隔が増大すると対比は減少するが、間隔が視角（対象の両端と観察者の目を結ぶ２直線間の角度）で数度に達してもなお対比が認められる。（大山, 1994）

図 1.15　明るさの対比

図 1.16　色の対比（大山, 1994）

1.2 色の効果

1.2.1 明るさの同化、色の同化

図 1.17、図 1.18 のように、細い縞模様などが地と違った明度や色相で描かれている地の領域は縞の明度・色相に近づいて知覚されやすい。明るさの同化（brightness assimilation）、色の同化（colour assimilation）の現象である。図 1.17 では灰色領域は右端の長方形の灰色と同じに描かれているが、黒縞に挟まれると暗く、白縞中では明るく見える。図 1.18 では灰色領域は右端の灰色と同じに描かれているが、青縞が入ると青みを帯びてやや暗く、黄色縞が入ると黄色みを帯びてやや明るく見える。この現象は縞が細く、間隔が密なほど生じやすい。視角関係が重要なので、観察距離を変えて観察するとよい。やや遠くから観察すると同化が生じやすい。

1.2.2 進出色−後退色、膨張色−収縮色

抽象画の先駆者のカンディンスキー（Kandinsky, 1912/1960）は、「同じ大きさの2つの円を描いて、一方は黄で、他方は青で彩ったのち、これらの円をしばらく注意して見るだけでも、黄は光を放って、中心から外へ運動をはじめ、明らかにわれわれに近づいてくるような感じをあたえる。これに対して、青は求心的運動を起こしてそしてわれわれから遠ざかってゆく。」と述べている（図 1.19）。
カンディンスキーは、進出色（advancing color）−後退色（receding color）、膨張色（expansive color）−収縮色（contractive color）を

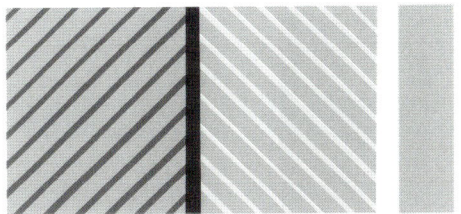

図 1.17　明るさの同化

図 1.18　色の同化（大山, 1994）

図 1.19　カンディンスキーの実験

互いに同様のものとしている。しかしその後の実験結果では、後述のように、進出色−後退色の規定要因は色相だが、膨張色−収縮色の規定要因は明度であり、両者は異なる現象である。

　大山ら（大山, 1994, 2010; Oyama & Yamamura, 1960）は色の進出・後退現象を測定するために図1.20のような装置を用いて実験した。観察者は、左のスクリーンの小窓の背後に提示された色彩面の垂直の縁と、右のスクリーンの小窓に提示された黒棒の距離が等しく感じられるように、黒棒を前後に動かして、調節した。このようにして色彩面の見かけの距離を測定したこの実験では、図1.21に示すように、赤がもっとも進出し、青がもっとも後退して見える結果が得られた。図1.22はこの実験を行った山村哲雄氏が後年になって、素人画家として、進出色−後退色を生かして描いた風景画である。

　この色の進出・後退現象の説明として、眼球の色収差により、色光の波長に応じ鮮明な結像を得るための目の水晶体の調節が違うことによるとする仮説が古くから唱えられている。この説によれば、色の進出・後退現象は色覚の正常・異常によらず成立するはずである。しかし赤−緑間の弁別が困難な色覚異常者に自発的に観察者となっていただいて行った結果では、緑の面に比べての赤の面の進出は認められなかった。また色覚正常者でも色の弁別が困難な暗所視（暗所に目をならした状況）下では、図1.21下部に示されているように、色相の差異による見かけの距離の差が認められなかった。これらの点から、色収差説は認めがたい。

　たとえば図1.23に示される客観的には等大の赤円と青円、白円と黒円を比較した場合、いずれが大きく見えるであろうか。このような色の膨張−収縮現象に関して、図1.24のような装置を用いて、種々の色相・明度の円形面（円形内部が同一の色相明度に満たされている）と種々の直径の輪郭円を観察者に比較させて、色彩面の見かけの大きさを測定したところ、実験結果は、図1.25のように、明度の高いほど大きく見える結果となった。しかし明度が等しい場合は色相による差はほとんど認められなかった（大山, 1994, 2010;

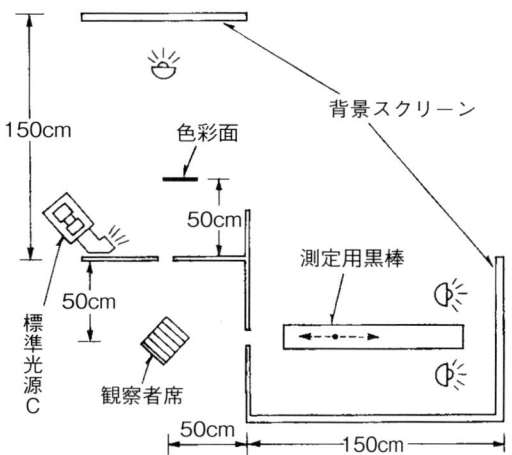

図 1.20 進出色・後退色実験装置（Oyama & Yamamura, 1960）

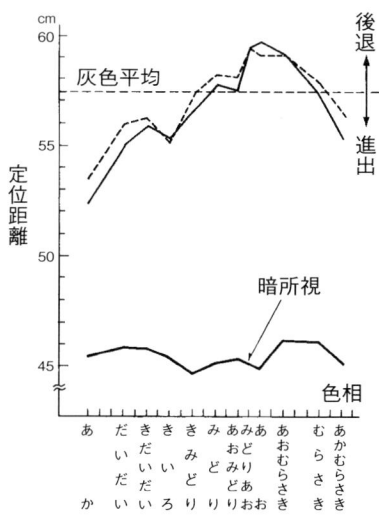

図 1.21 進出色・後退色実験結果（Oyama & Yamamura, 1960）

図 1.22　山村哲雄氏作品（2004）

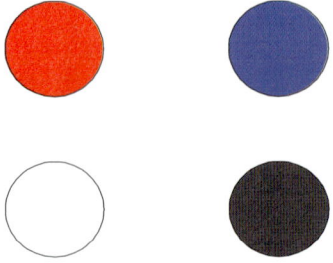

図 1.23　膨張色－収縮色

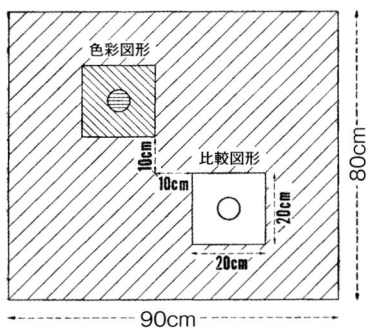

図 1.24　膨張色・収縮色実験装置
（Oyama & Nanri, 1960）

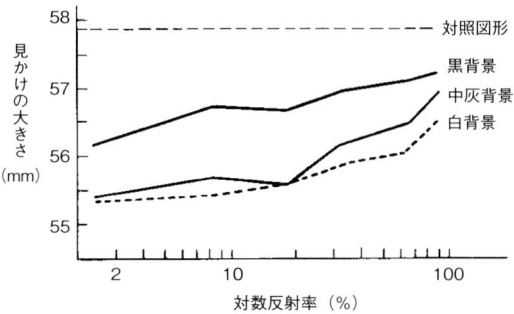

図 1.25　膨張色・収縮色実験の結果（Oyama & Nanri, 1960）

Oyama & Nanri, 1960)。

　カンディンスキーの言葉に反し、色の膨張−収縮現象は前述の色の進出−後退現象とは別個の現象である。彼が暖色の代表に明度の高い黄色を選んだため、混乱が生じたのであろう。芸術家の直観は実証的研究により覆されたのである。膨張色−収張色と進出色−収縮色は区別しなければならない。

1.2.3　色の誘目性

　視知覚において、形を持ち、ものとしてまとまり、浮かび上がって見える領域を「図」とよび、背景になった領域を「地」とよぶ。たとえば図 1.26 では、白い 3 扇形と黒い 3 扇形が交代に図となる。どのような領域が図になって見えやすいかは、面積や形などの空間条件にもよるが、色や明るさも重要な要因である（第 2 章参照）。図－地反転図形を用いて図になりやすさの要因を研究した実験結果によれば、一般に周囲との明度差が大きく、暖色系の色相を持つ領域が図となりやすい（大山, 1994, 2010; Oyama, 1960）。明度関係を統制した結果では、赤がもっとも図になりやすく、青がもっとも図になりにくく、その間は色相順になった。進出色－後退色の順とも一致した。図になりやすいことは、目立ちやすく知覚しやすいことを意味する。

　神作（1998）によれば種々の純色の目立ちやすさを、多くの観察者に評定させた結果では、背景が白の場合は赤が最高で黄赤、黄、青、赤紫、緑、黄緑、青紫、青緑、の順で紫が最低であったが、背景が灰、黒の場合は黄が赤よりも上位で最高になり、黄緑も赤、黄赤に次いで目立ちやすくなるという。このように背景により結果が異なるということは、色相とともに背景との明度差が目立ちやすさを規定していることを示唆している。暖色で背景との明度差が大きい領域が目立ちやすいことを示している。

1.2.4　SD 法の利用

　感覚印象の測定にセマンティック・ディファレンシャル法（Semantic Differential、SD 法）が有効なことは、よく知られている。

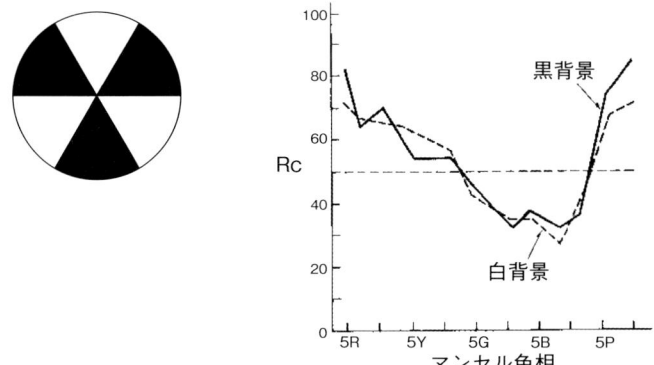

図 1.26　色相と図になりやすさ（Oyama, 1960）

　もともとSD法は、アメリカの心理学者オズグッド（C. E. Osgood）が、言語研究のために開発した方法である（大山, 2005, 2010）。主としてわが国で、この方法を色、形、語音、象徴語、音楽、映像、効果音などの感覚刺激が人びとに与える印象に適用され、その有効性が確かめられてきた。SD法の特色は、良い−悪いのように価値的なものに限らず、多次元的に評価がなされることである。通常、**図 1.27**のように、7段階評価（例：7.非常に重い、6.かなり重い、5.やや重い、4.どちらでもない、3.やや軽い、2.かなり軽い、1.非常に軽い）を用いたSD法の結果を因子分析法（factor analysis）という統計的方法で分析すると、一般に価値（Evaluation）、活動性（Activity）、力量性（Potency）の互いに独立した3因子が抽出される。色・形などを対象とすると、力量性の因子がさらに軽明性（Lightness）と鋭さ（Sharpness）因子に分かれることもある。それらの2因子を含め、次の4因子にわたる11の尺度が、多くの感覚領域で共通して、有効であることが示された（大山・瀧本・岩澤, 1993）。

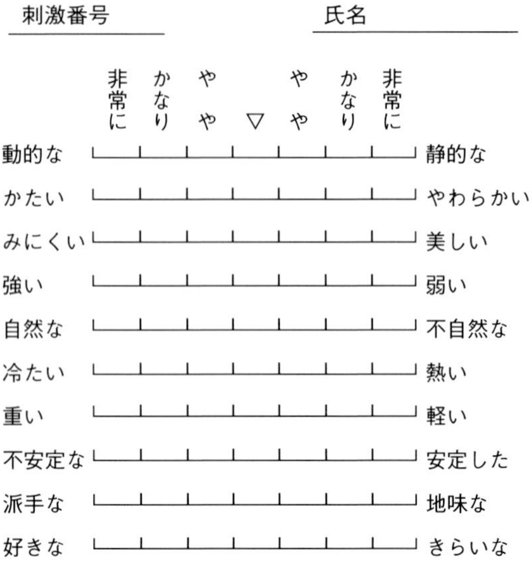

```
            刺激番号 _____        氏名 _____

                  非 か や     や か 非
                  常 な や     や な 常
                  に り や  ▽  や り に
         動的な   ├──┼──┼──┼──┼──┼──┤  静的な
         かたい   ├──┼──┼──┼──┼──┼──┤  やわらかい
         みにくい ├──┼──┼──┼──┼──┼──┤  美しい
         強い     ├──┼──┼──┼──┼──┼──┤  弱い
         自然な   ├──┼──┼──┼──┼──┼──┤  不自然な
         冷たい   ├──┼──┼──┼──┼──┼──┤  熱い
         重い     ├──┼──┼──┼──┼──┼──┤  軽い
         不安定な ├──┼──┼──┼──┼──┼──┤  安定した
         派手な   ├──┼──┼──┼──┼──┼──┤  地味な
         好きな   ├──┼──┼──┼──┼──┼──┤  きらいな
```

図 1.27　SD法用紙の例

価　値（E）因子：良い－悪い、好きな－嫌いな、美しい－汚い
活動性（A）因子：騒がしい－静かな、動的－静的、派手な－地味な
軽明性（L）因子：軽い－重い、明るい－暗い、陽気な－陰気な
鋭　さ（S）因子：鋭い－鈍い、緊張した－ゆるんだ

　種々の単色色紙を用いて同じSD尺度（形容詞は英語、中国語にそれぞれ翻訳）で日・米・台湾の大学生に対して実施した結果は、**図 1.28** のように、互いによく似ていた。ただし、価値因子関係の尺度はやや異なっていた。また40年以上に歳月を開けて、それぞれの時代の日本の大学生に実施した結果も**図 1.29a**、**図 1.29b**（縦横軸は図1.28と入れ変わっている）にその一部（a 赤色、b 青色）が

示すように、よく似ていた。その場合も、価値因子関係の尺度は時代によりやや変化していた。日本の結果が時代とともにアメリカに近づく傾向が見出された。このように価値因子関係の尺度は、地域、時代などの文化によりやや変化する傾向が見出された。

　またこのSD法の結果を、**図1.30**のように、プロフィールの形で比較すると、色と音といったまったく違った感覚領域のものが、よく似たプロフィールを作り出すことがある（大山, 1994）。これは感覚の種類（モダリティ, modality）を超えて、同じような感情や、印象を与えることを示している。さまざまな音を聞かせて、それにもっとも似た印象を与える色を選ばせた結果（上位3位まで）ともよく似ている（**図1.31**；かっこ内はSD法によるプロフィールが似た上位3位）。

1.2.5　色と活動性

　種々の単色に対するSD法の結果として活動性に分類される尺度は、上述の騒がしい－静かな、動的－静的、派手な－地味な、の他、熱い（暖かい）－冷たい、近い－遠い、危ない－安全な、女らしい、嬉しい－悲しい、不安定な－安定した、陽気な－陰気な、などの尺度であり、**図1.32**のように、色相の影響が大きく、赤でもっとも活動性が高く、青でもっとも低い結果であった（大山・田中・芳賀, 1963; 大山・瀧本・岩澤, 1993）。赤・橙・黄色などの暖色（warm color）で活動性が高く、青などの寒色（cool color）で低いといえる。また暖色でも寒色でも、明度・彩度が高いほど活動性が高いことが知られている（Oyama, Soma, Tomiie, & Chijiiwa, 1965）。

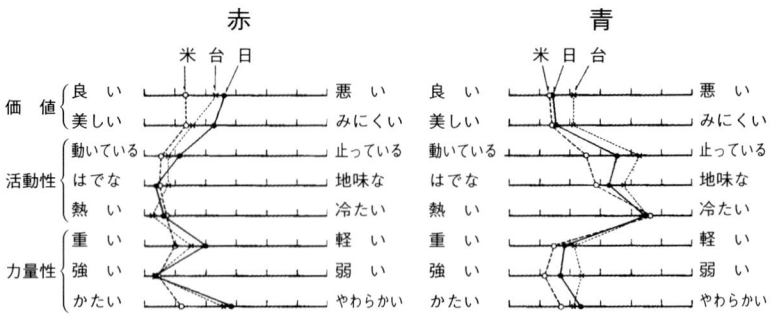

図 1.28　色の SD 法国際比較（大山, 1994）

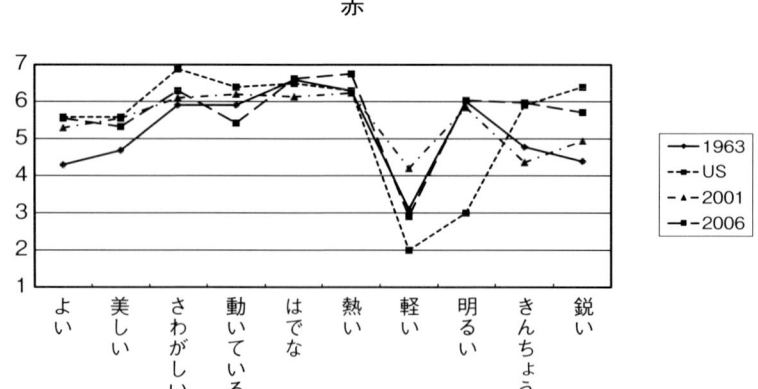

図 1.29a　赤色の SD イメージの経年的変化（1）（大山・伊藤, 2006）

青

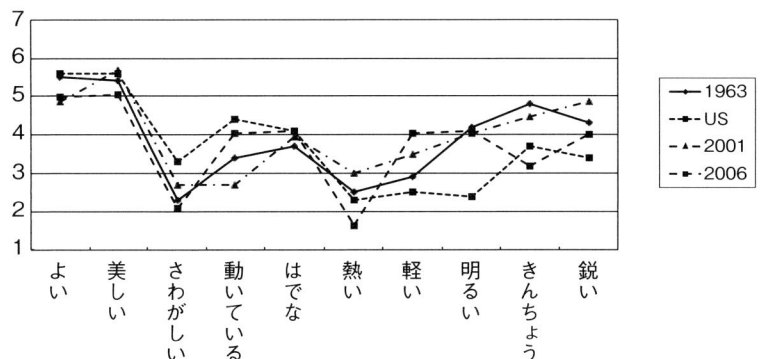

図 1.29b　青色の SD イメージの経年的変化（2）（大山・伊藤, 2006）

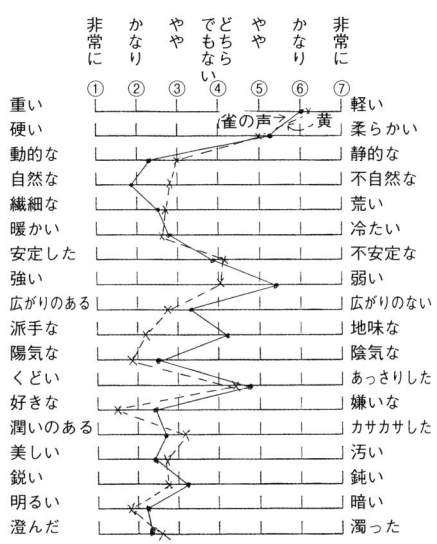

図 1.30　雀の声－黄色 SD（浜田, 1989）

第 1 章　色の知覚―――23

ヴァイオリン……茶、橙、黄（緑、青緑、黄緑）
クラリネット……橙、黄、青，茶（黄緑、、緑，白）
フルート……ピンク、茶、黄（白、黄緑、黄）
トランペット……橙、赤、黄、青、灰（青緑、緑、、青）
スズメの鳴声……黄、橙、黄緑、青（黄、橙、黄緑）
コオロギの鳴声……黄、緑、茶、黄緑（白、黄緑、黄）
雨……青、灰、白（灰、青、茶）
落雷……黄、灰、黒（灰、黒、青紫）
風……灰、白、黒、茶（黒、灰、茶）
ドリル……灰、茶、黄緑、黒（紫、青紫、灰）
目覚しのベル……黄、赤、白、紫（青紫、紫、赤）
ガラスの割れる音……灰、黄、赤、青、白（青紫、紫、赤）
プレス……灰、黒、茶、青緑（黒、灰、紫）
ホワイトノイズ……灰、青、黒（灰、紫、黒）
救急車の音……赤、白、橙（紫、青紫、灰）
モールス信号……赤、灰、黄、橙、赤紫（青紫、黄、赤）

図 1.31　音と色の連合（大山, 1994）

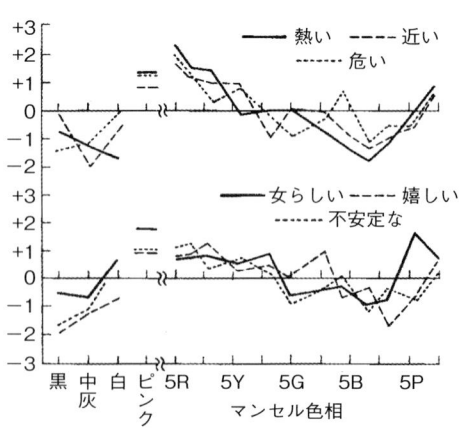

図 1.32　色相の効果（大山・田中・芳賀, 1963）

1.2.6　色と軽明性

SD 法における軽明性に関する尺度は、上述の《軽い−重い、明るい−暗い、陽気な−陰気な》などの尺度で、力量性因子の正負逆転したものが多い。多くは色の明度と相関が高い。大山・田中・芳賀（1963）の結果では、明度との相関係数（2 変量の変化の仕方の類似性を示す統計量、1.00 が完全な相関、0 が無関係、−1.00 が全く正反対な関係を示す）は、軽い−重いが .90、浅い−深いが .89、からの−充実したが .83、ゆるんだ−緊張したが .70、弱い−強いが .67、明るい−暗いが .62 である。明るい−暗いと明度との相関係数が意外に低い点は注目すべきである。日本語の「明るい」が必ずしも明度と対応しないで、赤や橙の色は明度が低くても黄色と同等ないしそれ以上に「明るい」と判断する場合があるからであろう。

1.2.7　色の象徴性

色の象徴性（color symbolism）について、かつて大山・田中・芳賀（1963）が女子短大生に調査を行った。14 の単語それぞれを表すのに最も適した色を 16 の色紙から選んでもらった。その結果における、それぞれの単語に対する上位 3 位までの選択色は、「怒り」−赤、橙、黒、「嫉妬」−赤、紫、橙、「罪」−黒、灰、青紫、「永遠」−白、緑味青、青、「幸福」−ピンク、黄橙、橙、「孤独」−青、灰、黒、「平静」−青、緑、緑味青、「郷愁」−黄緑、緑、黄橙＝青、「家庭」−黄橙、橙、ピンク、「愛」−赤、ピンク、橙、「純潔」−白、緑味青、赤、「夢」−ピンク、緑味青、黄、「不安」−灰、紫、黒、「恐怖」−黒、灰、赤であった（大山, 1994）。この結果は 40 年前のものだが、比較的最近に同じ 14 の単語を用いて行った伊藤（2008）の調査の結果も非常によく似ている（図 1.33、図 1.34）。図中の文献 2) は大山らの結果を示す。

（数値は %）

	怒り	嫉妬	罪	永遠	幸福	孤独	平静
文献2) 1964	赤 46 橙 14 黒 12 紫 8 青紫 6	赤 25 紫 18 橙 17 灰 9 黄 6	黒 39 灰 34 青紫 8 黄緑 8 紫 4	白 21 緑味青 17 青 13 青緑 8 青紫 7 緑 7	ピンク 18 黄橙 16 橙 14 黄 13 赤 9	青 23 灰 21 黒 14 緑味青 10 青紫 9	青 20 緑 17 緑味青 14 白 13 黄緑 9
前回 '88-'95	赤 76 黒 10 橙 4 灰色 3	紫 49 赤 25 灰色 13 黄 4 緑 3 茶色 3	黒 69 灰色 23 茶色 17 紫 2	白 33 青 23 水色 17 緑 10 紫 7 黄 7	ピンク 61 黄 26 白 7 橙 3 ベージュ 3	灰色 43 黒 26 白 7 茶色 6 白 8	青 36 水色 33 緑 20 白 8 ベージュ 3
今回 '04'05	赤 79 黒 7.3 橙 2.3 紅 1.5	紫 47.3 赤 16.7 赤紫 10.6 灰色 4.5 黒 4.2 青 3 橙 3 茶色 2.7	黒 63 灰色 17 赤 7 紫 4 茶色 2	白 27 水色 26 青 11 緑 10 ピンク 5 緑 5 赤 3 黄緑 3 銀色 2 橙 2	黄 39 ピンク 36 白 8 橙 5 桃色 5 金色 2 水色 2	灰色 31 黒 19 青 14 紫 9 茶色 5 紺 5 白 5 群青色 2 暗い青 2	青 41 水色 23 白 8 緑 6 黄緑 5 灰色 4 薄水色 2

図 1.33　象徴語からの連想色 (1)　(伊藤, 2008)

（数値は %）

	郷愁	家庭	愛	純潔	夢	不安	恐怖
文献2) 1964	黄緑 19 緑 17 黄緑 14 青 14 緑味青 12	黄橙 28 橙 19 ピンク 17 黄 12 緑 7	赤 41 ピンク 13 橙 12 赤紫 6 白 6	白 88 緑味青 4 赤 2	ピンク 28 緑味青 15 黄 10 黄緑 10 青 7 赤紫 7	灰 57 紫 7 黒 6 青 5 青紫 5	黒 43 灰 21 赤 8 紫 8 青紫 4 黄 4
前回 '88-'95	茶色 64 橙 17 緑 9 朱色 8	橙 54 黄 20 ピンク 9 クリーム色 5 赤 4 茶色 4 ベージュ 2 こはく色 2	赤 67 ピンク 31 白 2	白 85 青 10 水色 5	ピンク 35 黄 25 水色 23 青 7 レモン色 3 緑 3 橙 2 金色 2	灰色 84 紫 12 黄緑 3	黒 93 紫 5 こげ茶 2
今回 '04'05	橙 31 茶色 26.4 緑 12.6 黄緑 6.1 紫 2.7 青 2.3 灰色 1.9 山吹色 1.9	橙 49.8 黄 14.6 黄緑 11.5 ピンク 8.4 緑 5.4 赤 1.9 山吹色 1.5	赤 56 ピンク 39 桃色 2	白 92 水色 4.9	黄 35 ピンク 17 水色 14 青 8 黄緑 6 橙 6 白 5 金色 2 虹色 2 紫 2 緑 2	灰色 55 青 11 茶色 4 黒 4 紺 2 白 2	黒 56 紫 12 灰色 8 青 6 赤 5 紫 4 青紫 2

図 1.34　象徴語からの連想色 (2)　(伊藤, 2008)

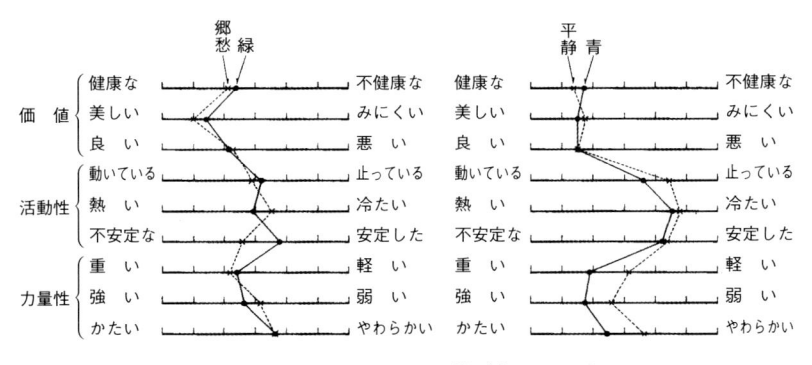

図 1.35　色と語の SD 比較（大山, 1994）

　しかしどの色が好きか、よいかという価値評価は地域・文化・時代によりやや異なっていた。また種々の単語に対してそれを表すのに適した色を選ばせると、前述のように、「郷愁」には緑を、「平静」には青を選ぶ人が多い（図1.33、図1.34）。種々の単語と色紙を別々にSD法で評価した結果を比較すると、**図1.35**のようにたとえば「郷愁」と緑、「平静」と青のSD法の結果が互いによく似ている（大山, 1994）。このように言葉（単語）と色が互いに類似の感情を多くの人びとに共通して喚起させるので、言葉と色が生じさせる感情の類似性が媒介となって、それらの言葉が表しているものの象徴として色が使われるのであろう。

1.3 色彩調和

1.3.1 色彩調和論

　色彩調和とは英語で言えば color harmony のことである。この harmony の語源はギリシヤ神話に登場する女神ハルモニアに由来するという（福田, 1996）。これは色彩調和の概念が西洋思想に根付いていることを示唆している。音の調和が弦の長さの整数比によって生じるというピュタゴラス学派の発見以来、宇宙が調和的秩序に支配されているという思想が西欧に根強く存在し、色彩調和も秩序に基づいているはずであると想定された。その秩序への探求が多くの西欧の人々の色彩調和論を生んできたともいえる。ニュートン、ゲーテ、オストワルトにその例を見出すことができる。

　しかし音と色とは物理的にも感覚生理学的にも異なった原理に支配されている。もちろん感覚としての共通点もあるが、聴覚における音の高さが必ずしも視覚における色相に対応するとはいえない。音の調和からの類推は安易で危険である。

　ニュートンは前述のように著書『光学』で、スペクトル中の色を7色に分け、それを円環状に並べ、色円（図1.7）を提案しているが、その際に赤黄緑青菫はそれぞれほぼ等しい範囲を占めるのに対して、橙と藍の範囲は他の5色の半分であるとし、音階における半音になぞらえ、整数比を想定している。（現代のスペクトル測定では整数比にならない。）また彼は同書で疑問のひとつとして「色の調和と不調和とは視神経の繊維を通って脳髄に伝達せられる振動の比から起こること、あたかも音の調和と不調和とが空気の振動の比から起こると同じ様なのではあるまいか」と述べている。まさに音の調和か

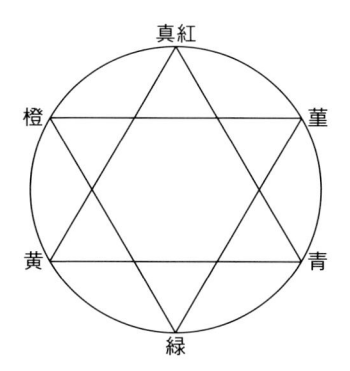

図 1.36　ゲーテの色彩調和図（Goethe, 1810）

らの類推である。

　ゲーテは『色彩論』（1810/1999）においてニュートンの光学的研究を批判しながらも、色彩調和についてはニュートンと同様に規則性を重んじている。ゲーテは、色円中心に対し反対側の色彩（補色）は眼の中で互いに求め合い、調和すると考えた（**図 1.36**）。黄は菫を、橙は青を、真紅は緑を求め合うとした。その他にも彼の主要色相である真紅、菫、青、緑、黄、橙の 6 色相中でひとつおきの色相配色を「特徴ある組み合わせ」、隣同士の色相配色を「特徴のない組み合わせ」としている。色円上の幾何学的な規則性を重んじた色彩調和論である。

　またオストワルトは前述のように独自の色立体を考案し、色彩調和を論じている（大山, 1994）。彼の色立体で規則的に並ぶ色は前述（p.8, 10）の等純度系列、等黒系列、等白系列、等価色系列などの系列内の色同士は調和しやすいという（日本色彩学会, 2003）。彼は「調和は秩序に等しい」と述べている。

　前出のマンセル色立体に基づいてアメリカのムーンとスペンサー（Moon & Spencer, 1944）が 1944 年に発表した色彩調和理論は、色相差が全周 100 色相円中でほぼ 0（同一）、7 〜 12（類似）、28 以上

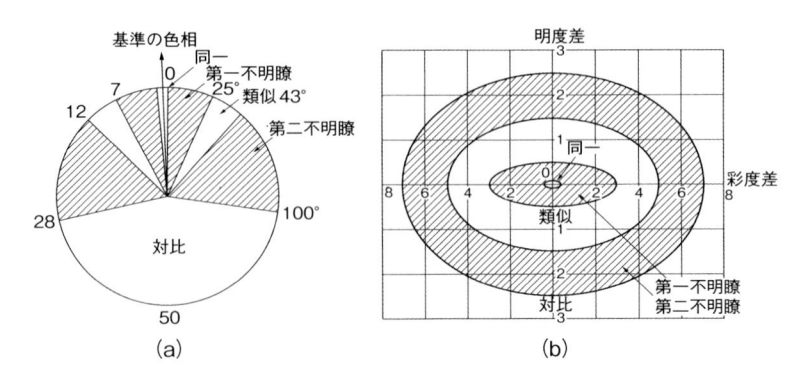

図1.37 ムーン・スペンサーの調和範囲（Moon & Spencer, 1944）

（対比）であることと、明度・彩度平面で差がほぼ0（同一）、明度差0.5〜1.5；彩度差3〜5の楕円内にあること（類似）、あるいは明度差2.5；彩度差7の楕円外にあること（対比）を色彩調和の要件とした（**図1.37**）（福田, 1996; 伊藤, 2009）。調和のための色相差、明度差－彩度差を数量的に表したのである。明度差と彩度差は2次元的に総合的に考えているが、それらと色相差とは独立に基準が決められている。

1.3.2 色彩調和の実証的研究

納谷らは102組の2色配色を用いた大規模な実証調査によってムーン・スペンサーの理論の検討を行い、その妥当性に疑問を投げかけ、特に明度差と彩度差の正負方向の相互関係が重要な点を指摘し、ムーン・スペンサーに代わる調和範囲の図を示した（**図1.38**）（森ら, 1966; 福田, 1996; 伊藤, 2009）。明度差（ΔV）と彩度差（ΔC）を縦横軸とした図（b）において調和範囲が左右（正負）対称でない点が特徴的である。明度差・彩度差の方向が逆の第2・第4象限で

調和域が広い。

伊藤・大山（2005）が46名の女子短大生に対して行った285組の異色相間2色配色に対する「調和」感評定の結果を上記の色彩調和理論と比較してみると、次の点が明らかとなった。

(1) 色相差については、マンセル色相差5〜15で評価が高くなるが、25以上は低くなる。類似の調和は認められるが、対比・補色の調和は明確でない。
(2) 色相が黄・緑・青緑・青・青紫が一般に他の色相の色と調和しやすく、赤・橙は調和しにくい（**図1.39**）。つまり色相差だけでは調和は論じられない。
(3) 色相差が小さい（15以下）場合は調和する明度差は5、彩度差は8程度まで広がるが、色相差が大になるに従い、調和する明度差・彩度差が小さくなる傾向がある。したがって色相差・明度差・彩度差を個別的でなく、総合的に考える必要がある（**図1.40**）。図中で上から順に色相差小、中、大を示す。
(4) 色相差が小さい場合は、明度差と彩度差の正負の方向が逆の配色が調和しやすい。すなわち高明度・低彩度色と低明度・高彩度色の配色が調和しやすい（**図1-41**）。図中の縦座標の左側（第2象限；明度差と彩度差の正負の方向が逆）に調和しやすい例、右側（第1象限）に調和しにくい例が多い。

1.3.3　2色配色が与える色彩感情

2色配色が与える感情効果は、配色を構成する単色それぞれの感情効果の合成にどれだけ還元できるかだろうか。**図1.42**に示すようにたとえば黄と青を配色した場合は、それぞれの色を単独で与えたときの感情効果の平均効果が生じるであろうか（平均モデル）。これに対し大山（2001）が、各因子または各尺度について、また配

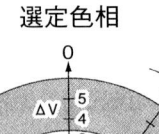

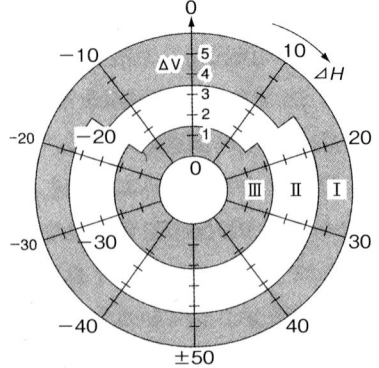

配色選定図 (2) $\Delta H-\Delta V$ 面
色相差－明度差の選定に使用する
領域〔Ⅰ〕：比較的良調和の得やすい領域
領域〔Ⅱ〕：中間調和域
領域〔Ⅲ〕：比較的不調和となりやすい領域

(C)

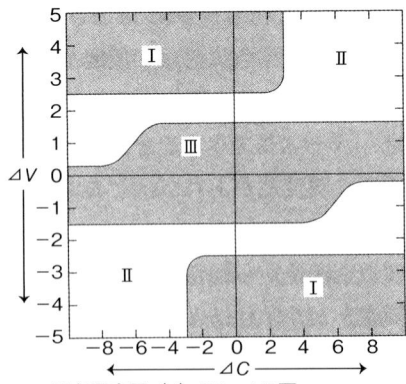

配色選定図 (1) $\Delta V-\Delta C$ 面
明度差－彩度差の選定に使用する
領域〔Ⅰ〕：比較的良調和の得やすい領域
領域〔Ⅱ〕：中間調和域
領域〔Ⅲ〕：比較的不調和となりやすい領域

(d)

図 1.38 森・納谷ら (1966) の調和範囲

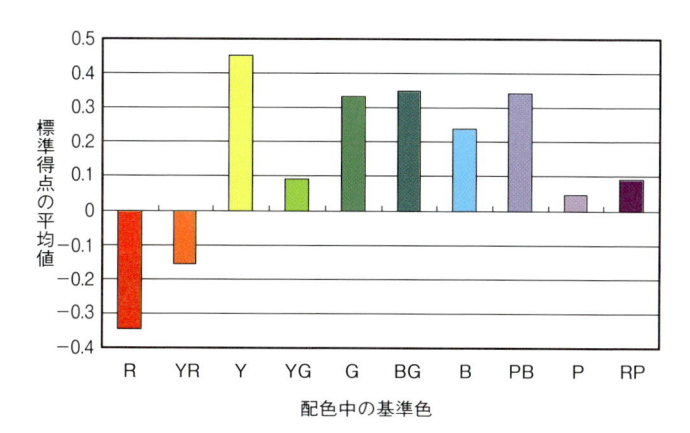

図 1.39 色相別平均調和評価値（伊藤・大山, 2005）

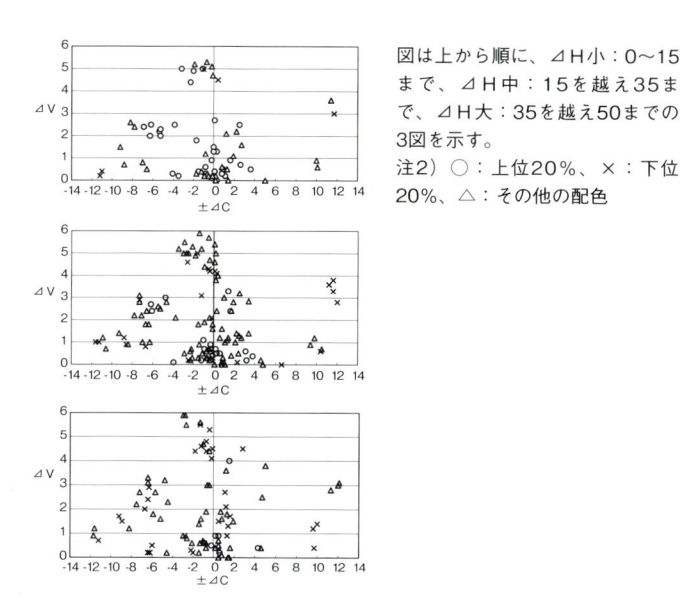

図は上から順に、⊿H小：0〜15まで、⊿H中：15を越え35まで、⊿H大：35を越え50までの3図を示す。
注2）○：上位20%、×：下位20%、△：その他の配色

図 1.40 異色相配色における「調和」分布図（伊藤・大山, 2005）

第1章 色の知覚―――33

図1.41　⊿V −⊿C　図

単色　　　　　X1　　　　　　X2

重み
（回帰係数）　　A　　　　　B

回帰モデル	$Y = AX1 + BX2 + C$
平均モデル	$Y = (X1 + X2)/2$
高位・低位モデル	$Y = AXH + BXL + C$

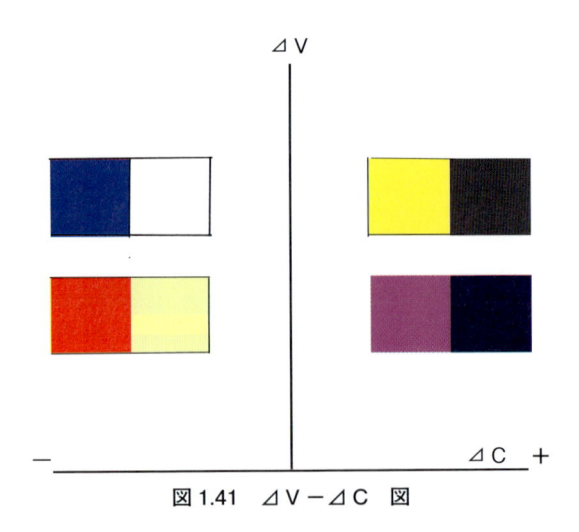

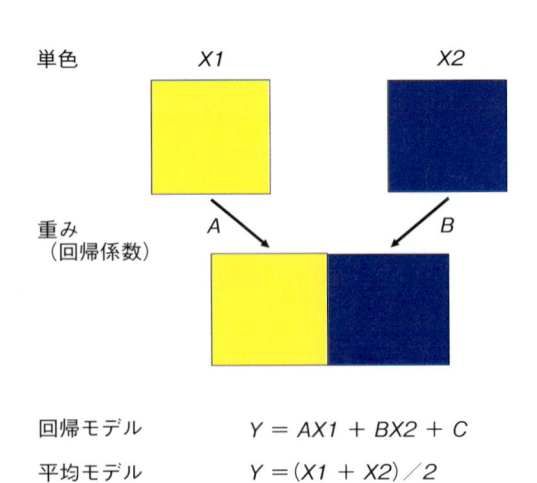

図1.42　2色配色の構成単色への回帰モデル

色を構成する2つの単色の間の得点の相対的な高低によって、配色の感情効果に及ぼす影響力の重みが異なるという仮定をたてて、次式によって回帰分析を行った。

$$Y = AXh + BXl + C \qquad (1)$$
　　　ここで Xh：高位の単色、Xl：低位の単色

　その結果は平均モデルよりも当てはまりがよかった。価値得点においては2色中の低位の単色の重みが大であり、配色の活動性因子（動的、騒がしさ、派手さ）では高位の構成単色の重みが大きく、軽明性因子（軽い、明るい）では高位・低位の単色の回帰係数がほぼ均衡し、また鋭さ因子（緊張感）では鋭さが低位の単色の重みが比較的大きかった（伊藤・大山, 2005; 大山, 2001, 2010）。その際の決定係数は、価値因子では低く、他の因子では比較的大であった。価値因子については、構成要素（この場合は単色）の個別の効果よりも、それらの組み合わせ方（交互作用）が重要なことが再び示された。

　また上述の高位・低位の単色の回帰係数の差から、価値と鋭さに関しては低位の単色の重みが大きく、価値や鋭さの低い単色が加わると、全体の配色が価値や鋭さが低くなり、また活動性に関しては高位の単色の重みが大きく、活動性（たとえば派手さ）が高い単色が加わると、全体の配色の活動性が高くなることがわかる。つまり、よい配色を得るには好ましくない単色の使用を避け、派手な配色を得るには、派手な色を1色でも加えればよいことがわかる。

　さらに大山・宮田（伊藤）（2012）は有彩色・無彩色を含む18色のすべての組み合わせよりなる153の2色配色を女子大学生にSD法により評価してもらった宮田の調査結果を分析したところ、それらの配色を構成する2単色に対する評価値の平均に比較して、色相差が（近似色相間を除き）少ないほど、より好きで、より調和して評価され、色相差・明度差が大きいほど、スポーティで、緊張して、ゴージャスに感じられることを見出した。その際、調和の評価につ

いては、単色の好きな評価の平均が基準として有効であった。

【参考図書】

大山　正（1994）『色彩心理学入門——ニュートンとゲーテの流れを追って』中央公論社
　本章の著者が、ニュートンの光学的な色の研究とゲーテの体験的な色彩論から説き起こし、歴史的順序に従って、ヘルムホルツ、ヘリングの色覚説、色体系、色の知覚、色の感情効果などについて解説している。

大山　正・今井省吾・和気典二（編著）（1994）『新編感覚・知覚心理学ハンドブック』誠信書房
　色感覚の基礎と応用、表色系などについて、それぞれ専門家が解説している。

大山　正・斉藤美穂（編）（2009）『色彩学入門——色と感性の心理』東京大学出版会
　色の感覚と知覚、色の測定と表示、色の感情効果、色の嗜好と文化、配色と調和、コンピュータによる色の表示、色のユニバーサル・デザイン、建築と色、色と安全などについて、各専門家が分担執筆している。

日本色彩学会（編）（2003）『色彩用語事典』東京大学出版会
　色に関する基礎から応用まで、科学的側面から文化的側面までを覆う、色に関する諸問題を、それぞれの専門家が分担して解説した、用語事典の形式をとった小ハンドブック。

【引用文献】

Bond, M. E. & Nickerson, D.（1942）Munsell and Ostwald. *Journal of the Optical Society of America, 32*, 709-719.

浜田　誠（1989）「日本大学心理学会卒業文献」（未公開）

福田邦夫（1996）『色彩調和論』朝倉書店

Goethe, W.（1810）*Zur Fabenlehre*.（高橋義人・前田富士男訳（1999）『色彩論』第1巻, 工作舎）

Helmholz, H. von（1911）*Handbuch der physiologischen Optik*. 3. Aufl. 2.Bd.（Translated by J. P. C. Southhall（1924）*Physiological Optics*. vol. 2. The Optical Society of America.）

Hering, H.（1920）*Grundzüge der Lehre von Lichtsinn*.（Translated by L. M. Hurvich & D. Jameson（1964）*Outlines of a theory of the light sense*. Oxford

University Press.）

伊藤久美子（2008）「色彩好悪と色彩象徴の経年比較」『デザイン学会誌』55（4），1-38.

伊藤久美子（2009）「色彩調和と配色」大山　正・斉藤美穂（編）『色彩学入門——色と感性の心理』東京大学出版会, pp. 102-122.

伊藤久美子・大山　正（2005）「異色相間の二色配色の感情効果」『日本色彩学会誌』29, 291-302.

Kandinsky, W.（1912）*Über das Geistige in der Kunst.*（西田秀穂（訳）（1960）『抽象芸術論——芸術における精神的なもの』美術出版社）

神作　博（1998）「表面色の可視性、誘目性」日本色彩学会（編）『色彩科学ハンドブック』第2版, 東京大学出版会, pp. 885-887.

Moon, P. & Spencer, D. E.（1944）Geometric formulation of classical color harmony. *Journal of the Optical Society of America, 34*, 46-59.

森伸雄・納谷嘉信・辻本明江・池田潤平・難波誠一郎（1966）「2色配色の調和理論」『人間工学』2-4, 2-14.

Newton, I.（1730/1952）*Opticks*（Reprinted by Dover）．（阿部良夫・堀　伸夫（訳）（1940）『光学』岩波文庫）

日本色彩学会（編）（2003）『色彩用語事典』東京大学出版会

Oyama, T.（1960）Figure-ground dominance as a function of sector-angle, brightness, hue and orientation. *Journal of Experimental Psychology, 60*, 29.

大山　正（1994）『色彩心理学入門——ニュートンとゲーテの流れを追って』中央公論社

大山　正（2001）「色彩調和か配色効果か——心理学の立場より」『日本色彩学会誌』25, 283-287.

大山　正（2005）「セマンティック・ディファレンシャル法（SD法）」大山正・岩脇三良・宮埜寿夫『心理学研究法』サイエンス社, pp. 65-78.

大山　正（2010）『知覚を測る——実験データで語る視覚心理学』誠信書房

大山　正・伊藤久美子（2006）「色彩感情の経年的研究——SD法による色彩イメージ」『日本色彩学会誌』30, 114-115.

大山　正・宮田（伊藤）久美子（2012）「2色配色の感情効果に及ぼす色相差・明度差・彩度差の効果」『日本色彩学会誌』36, 277-282.

Oyama, T. & Nanri, R.（1960）The effects of hue and brightness on size perception. *Japanese Psychological Research, 2*, 13-20.

Oyama, T., Soma, I., Tomiie, T., & Chijiiwa, H. (1965) A factor analytical study on affective responses to colors. *Acta Chromatica, 1*, 164-173.

大山　正・瀧本　誓・岩澤秀紀（1993）「セマンティック・ディファレンシャル法を用いた共感覚性の研究——因子構造と因子得点の比較」『行動計量学』*20*, 55-64.

大山　正・田中靖政・芳賀　純（1963）「日米学生における色彩感情と色彩象徴」『心理学研究』*34*, 109-121.

Oyama, T. & Yamamura, T. (1960) The effect of hue and brightness on the depth perception in normal and color-blind subjects. *Psychologia, 3*, 191-194.

第 2 章

形の知覚

　われわれが知覚している映像は、写真のように外界を忠実に模写したものではない。それを端的に示しているのは、多義図形や錯視図形である。対称的な曲線で区切られた白と黒の領域が、見つめているうちに白い壺が黒の背景に浮かび上がったり、黒い横顔が白い背景の前に見えたりする。図‐地反転図形である。また幾何学的には同じ大きさに描かれた形が付加図形のために大きく見えたり小さく見えたりする錯視図形もさまざま知られている。夜空に光る星は、バラバラではなく、近い星同士集まり星座を形成して見える。また形はさまざまな連想を生む。柔らかく感じる形、硬い印象を与える形がある。幸福を象徴する形、恐怖を感じさせる形は文化や言語の違いを超えて、共通している。

2.1 形の成立

2.1.1 図と地

　濃い霧に囲まれたときも、雲ひとつない青空も、全面の明るさや色は見えても、何も＜もの＞が見えない点では真暗闇と変わらない（**図2.1**）。このような一様な視野状態を全体野（Ganzfeld）という。暗闇や霧のなかで何かが見えるためには、そこに周囲と違った明るさや色がなければならない。周囲と違った異質の部分があったとき、そこに形やものがみえる。わずかな明るさの差があれば、ぼんやりとした形が見える（**図2.2**）。明るさの差が大きくなれば、次第に明瞭な形が見えてくる（**図2.3**、**2.4**）図（figure）と地（ground）の分化である。異質な部分が図となり周囲が地となる。

　この図と地の分化はルビン（Rubin, 1921）によって提案された概念である。彼は見ているうちに図と地が反転して、中央に壺が見えたり、左右に向き合った横顔が見えたりする図－地反転図形を示した（**図2.5**）。彼によると、(1) 図になった部分は形をもつが、地は形をもたない。(2) 図と地を分けている境界線は常に図に属する。(3) 地は図の背後まで広がっているように感じられる。(4) 図は物の性格を持ち、地は材料の性格をもつ。(5) 図は地よりも構造化され個性的である。(6) 図における方が、面が硬く、密で、定位が明確である。(7) 多くの場合、図は地よりも前方に定位する。(8) 図は地よりも迫力的で、意識の中心となりやすい。

　また**図2.6**を続けて観察している間に白いプロペラ型部分が図となり黒い地の上に乗っているように見えたり、逆に黒いプロペラ型の図が白い地の上に乗っているように見えたりする。この図と地の

図 2.1　全体野（一様な視野）

図 2.2　図と地の分化（1）

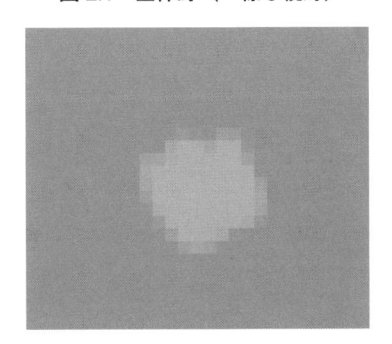

図 2.3　図と地の分化（2）

図 2.4　図と地の分化（3）

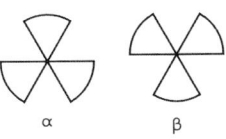

図 2.5　図と地（Rubin, 1921）

図 2.6　図−地反転図形（Oyama, 1960）

第 2 章　形の知覚——*41*

入れ替わりは、観察中に観察者の意図と関係なく、突然に生じる。図と地の反転が生じると、上記の (1)〜(8) の性質が同時に一斉に入れ替わる。それまで形を持って前面に見えていた部分が形を失い、後退し、背後にまわる。他方、今まで背後にあった部分が前面に出て、形を持つようになる。

このような図−地反転図形を用いてなされた実験結果によれば、一般に面積が小さいほど、周囲よりも明るくても暗くてもよいが、周囲との明度差が大きいほど図になりやすい（Oyama, 1960）。また 1.2.3 で述べたように青などの寒色より赤などの暖色の領域が、斜め方向よりも垂直−水平方向に広がった領域が（**図 2.7**)、対称的な規則的な形の領域が（**図 2.8**)、また上から垂れ下がった形より下から突き出た形が（**図 2.9**)、不規則の幅の領域より等しい幅の領域が（**図 2.10**)、図になりやすいことが知られている（大山, 2000, 2010)。

2.1.2　主観的輪郭

上述のように、図と地が分化した場合、図は形と輪郭を持つことが特徴である。このように形と輪郭の知覚は密接に関係するが、輪郭が見えるためには必ずしも物理的に明確な境界線や色や明るさの変化がなくてもよい。**図 2.11** のように、一様な白い面の上に輪郭が見えることもある。主観的輪郭（subjective contour）である（Kanizsa, 1976)。主観的輪郭は実際の輪郭を直線的に補間する場合だけでなく、曲線で補間する場合にも生じる（**図 2.12**)。主観的輪郭が見えるときには、必ず形が見え、図と地の分化が生じている。この主観的輪郭線が生じるメカニズムはまだ十分解明されていないが、図や形や面の知覚の問題と総合的に考察すべきであろう。

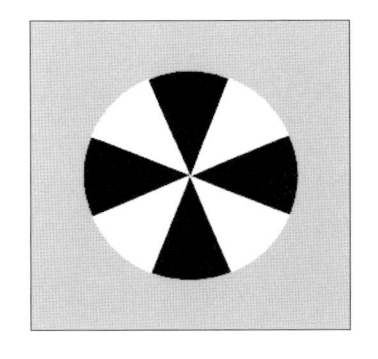

図 2.7　垂直水平方向の効果

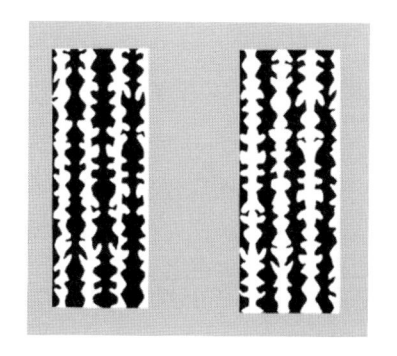

図 2.8　対称性の効果（Bahnsen, 1928）

図 2.9　上下方向の効果
（Ehrenstein, 1930）

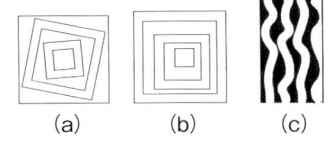

図 2.10　等しい幅の効果
（盛永, 1965）

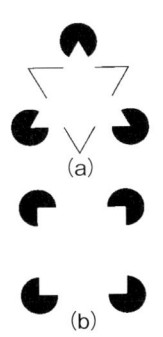

図 2.11　主観的輪郭
（Kanizsa, 1976; Watanabe & Oyama, 1988）

図 2.12　主観的輪郭（2）
（Kanizsa, 1976）

第 2 章　形の知覚――*43*

2.1.3　形と方向

　また円は大きく描いても小さく描いても、赤で描いても青で描いても円に見える。感覚的内容が違っても円という性質は変わらない。音楽で音の高さを転調してもメロディーは変わらないことに共通している点から、移調可能性として知られる形の性質である。しかし、回転すると形は変わって見える場合が多い。正方形を 45 度回転すると、ひし形という別な形に見える。その場合にも周囲の枠組み（framework）との関係が重要である（**図 2.13**）。同じ形を 90 度回転させると、顔に見えたり、犬や地図に見えたりすることもある（**図 2.14**）。よく知った地域の地図を回転するとなじみのない地域の地図かと見間違う（**図 2.15**）。方向を回転させた 2 つの図形を比較して、同じ形か否か判断させる実験を行うと、回転角度にほぼ比例して、判断時間が長くなる。あたかも頭の中で形のイメージを回転しているようである（**図 2.16**）。クーパーら（Cooper & Shepard, 1984）によれば、たとえば 90 度回転するのに約 5 分の 1 秒かかるという（心的回転 mental rotation）（大山, 2000）。

2.1.4　形の多義性

　また形は形が提示される文脈（context）によって異なって見えることがある。たとえば同じ形が A と C の間に挟まれると B と見え、12 と 14 の間に挟まれると 13 に見える（**図 2.17**）。同じ図形が時には羽のついた帽子をかぶった若婦人の後ろ姿に見えたり、毛皮にうずもれた老婆に見えたりする（**図 2.18**）。また右を向いたウサギに見えたり、左を向いた水鳥に見えたり交替する図形もある（**図 2.19**）、エッシャー（M. C. Escher）や福田繁雄はこのような現象を芸術作品にまでしている。**図 2.20** はその一例で、白い女性の足の列と見

図 2.21　インクブロット　　　　　　図 2.22　透明視（Fuchs, 1923）

えたり黒い男性の足の列と見えたりする。右図は福田のオリジナル作品であるが、左図はそれを上下逆転したものである。右図で黒い男性の足と見えやすく、左図で白い女性の足と見えやすいのは、図2.9で示したように、下から上に伸びた部分が、上から下に垂れた部分より図になりやすい傾向の表れである。

　このような図形は多義図形（ambiguous figure）と呼ばれる。いろいろな見え方をするインクブロットを用いて、それが何に見えるか答えさせることにより、人々の性格や心の状態を検査しようとする心理検査（ロールシャッハ検査, Rorschach test）も考案されている（**図 2.21** はその模擬図形）。

　また**図 2.22** のように実際には3種の明度（や色）の5個の不透明な形の部分からなる図形が、あたかも2つの形が重なったように見えることがある。その際に重なった部分が上層と下層に別れて、上層が透明に見えるので透明視現象（apparent transparency）と呼ばれる。3種の明度や色の部分を、それぞれ独立した多数の不規則な形と見るよりも、同じ明度や色の部分同士がまとまって2つの規則的な形となり、それらが、中央の第3の明度や色の部分で、重なりあっていると見た方が、より簡潔に規則的に見える場合にこの透明視現象が起こりやすい。このような図形も、続けて観察していると上層と下層が反転して見える（大山, 2000, 2010）。

2.2 錯視

2.2.1 錯視の種類

　われわれが見ている世界は、客観的物理的世界を忠実に写したものではない。その間にはかなりのずれがある。たとえば図 2.23 は渦巻きのように見えるが、実は同心円であり、どの線もたどっていくと元の位置に戻る。このフレーザー（Fraser）の錯視は「錯視の王様」とも呼ばれる。これらの錯視は単なる見間違いではなく、注意深く見ても、大きさや、長さや、傾きが、客観的・幾何学的なものと違って見える。このことは19世紀末から研究され、図 2.24、2.25 に示されているような種々の錯視図形が考案され、それぞれの研究者の名前をつけて呼ばれてきた。19世紀末以来の100年以上の研究にもかかわらず、まだそのメカニズムは十分解明されていない。これらの錯視（optical illusion）は、錯視図形に限られた特殊な問題でなく、錯視の量に大小の差はあっても、日常のわれわれの知覚で常に起こっている知覚の歪みを示しているものであり、錯視は単に興味の対象であるだけでなく、一般的な知覚のメカニズムを探る手がかりとなるものである（Boring, 1942）。

　図 2.24、図 2.25 に示された錯視図を大まかに分類すると、大きさや長さを周囲の付加線の大きさや長さに近づけて知覚する同化的傾向（ミュラー・リヤー（Müller-Lyer）錯視、デルブーフ（Delboeuf）錯視など）、周囲の大きさや長さとの差を強調して知覚する対比的傾向（ポンゾ（Ponzo）錯視、エビングハウス（Ebbinghaus）錯視など）、二線が交差する角度を過大視する鋭角過大視傾向（ツェルナー（Zöllner）錯視、ポッゲンドルフ（Poggendorff）錯視、ヘリン

図 2.23　フレーザーの錯視（Fraser, 1908）

(a) ミュラー・リヤー錯視　　(b) オッペル・クント錯視

(c) ツェルナー錯視　(d) ポッゲンドルフ錯視　(e) ヘリング錯視

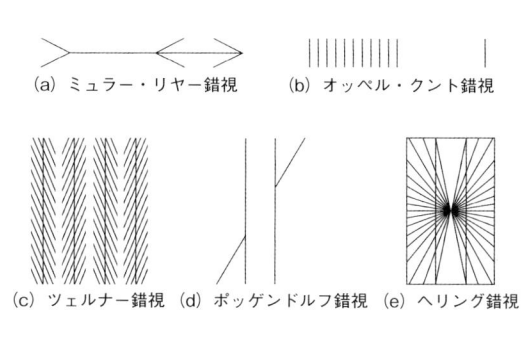

図 2.24　錯視図 (1)（大山, 2000）

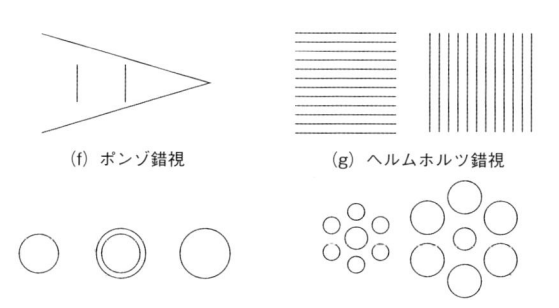

(f) ポンゾ錯視　　(g) ヘルムホルツ錯視

(h) デルブーフ（同心円）錯視　(i) エビングハウス（ティッチェナー）錯視

図 2.25　錯視図 (2)（大山, 2000）

第2章　形の知覚────49

グ（Hering）錯視など）に分けることができる。

2.2.2　錯視のメカニズム

　錯視の研究は特にわが国で古くから盛んであり、小保内（1930）、盛永（1933）らが見出した垂直・水平方向よりも斜め方向で鋭角過大視傾向が顕著に現れる錯視の異方性（anisotropy）の現象（**図 2.26**）や、小笠原（1952）が見出したデルブーフ（同心円）錯視は絶対的大きさを変化させても内外円の直径比がつねに約2：3のときに最大となる傾向などは、国際的にも評価されている（**図 2.27**）（大山, 2000, 2010; Robinson, 1972/1998）。
　たとえば**図 2.28**（a）はツェルナー錯視図の一部分に相当する図形であり、平行のはずの2線が少し上方に開いているように見える。それなのに平行線の上下端に相当する4点のみを描いた（b）図で、上の2点間の距離と下の2点間の距離を比較してみると、上の2点間の方の間隔がかえって狭く見える。このように上に開いた2線の上端に相当する2点が、下端の2点よりかえって狭く見えるという矛盾した見え方をしている。またヘリング錯視図の変形である（c）図では平行なはずの2線が中央で膨らんでいるように見える。しかしその平行線を構成する6点のみを示した（d）図では中央の2点は左右の2点より狭く見える。このように錯視図の構成点のみの位置の間隔を比較すると、線全体の傾きや湾曲の見え方と矛盾している。このように線全体の見え方と、それを構成する点の位置の見え方が（通常のユークリッド幾何学上では）矛盾していることを盛永（1965）は指摘して、それを「偏位の矛盾」と呼んだ。また**図 2.29**（a）はエビングハウス錯視図であり、内円は大きな円に囲まれると、小さく見える。ところが周囲の大円の円周の内円に近い部分のみ残して周辺の部分を消した（b）図では、内円はかえって大きく見える。逆に（c）図のように内円に近い部分を消しても周辺部分を残すと、

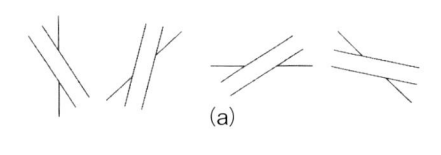

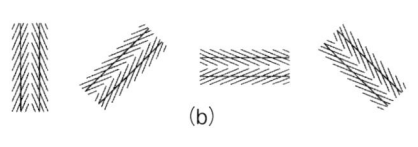

図 2.26 錯視の異方性（大山, 2000）

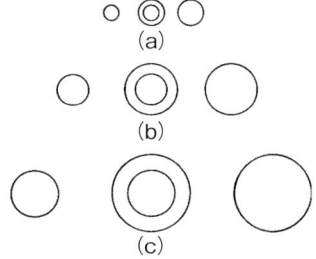

図 2.27 同心円錯視（大山, 2000）

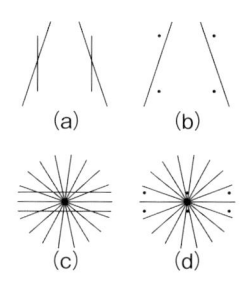

図 2.28 偏位の矛盾（1）（盛永, 1965）

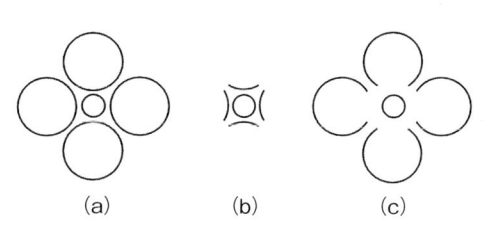

図 2.29 偏位の矛盾（2）（盛永, 1965）

第 2 章 形の知覚————*51*

内円は (a) 図と同様に対比的な錯視が生じる。物理学でいう「場」の理論で考えられるように近い部分ほど誘導力が強いという原理では、錯視は説明困難である。

　最近になって、北岡（2010）は新しい見事な錯視図を盛んに作成している。たとえば**図 2.30** の左のカフェウォール錯視（cafe-wall illusion）は従来から知られている。カフェの壁の模様にヒントを得た水平線が傾いて見える錯視である。それを応用して北岡は右の様な膨らみがある渦に見えるデザインを考案している。さらに北岡は**図 2.31** 左のような市松模様錯視を考案して、右のようなふくらみを感じるデザインを考案している。このように錯視を利用して、さまざまな興味あるデザインが考案できる。

図 2.30　カフェウォール錯視と北岡の錯視（1）（北岡, 2001）

図 2.31　北岡の錯視（2）（北岡, 2001/2010）

2.3. 形の群化

2.3.1 群化の要因

　夜空の無数の星がいくつかの星座に分かれて見えたり、英文などで印刷されたローマ字の列が文字の区切りで単語に分かれて見え、日本語の場合は漢字で書かれた単語がひらがな文字部分と分節して読める。視野中にあるのは、ばらばらの多数の色や明るさではなく、木や、家や、人や、自動車などのいくつかのまとまりに分かれて見える。図 2.32 (a) (b) はともに北斗七星 (c) をつないだ形であるが、(b) のような形が自然に見えて、(a) のようには見えない。ゲシュタルト心理学（Gestalt psychology）の創始者であるウェルトハイマー（Wertheimer, 1923）は、単純な点や線の図形を用いて、それらがばらばらではなく、おのずからまとまって見える群化（perceptual grouping）の現象を例として、知覚の体制化を規定する要因を探求し、次のような諸要因（または法則）を見出した。これらはゲシュタルト要因（法則）（Gestalt factor or law）とも呼ばれる（Metzger, 1953; 盛永, 1957; 大山, 2000, 2010）。

(1) **近接の要因**（factor of proximity）　たとえば図 2.33 (a) のように、他の条件が一定ならば、近いものどうしがまとまって見える。

(2) **類同の要因**（factor of similarity）　たとえば図 2.33 (b) のように、距離間隔などの他の条件が一定ならば、色、明るさ、形、大きさなどが類似なものがまとまって見える。

(3) **閉合の要因**（factor of closure）　たとえば図 2.33 (c) のよう

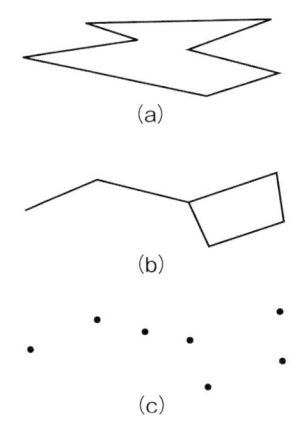

図 2.32 群化 (Wertheimer, 1923)

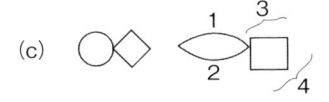

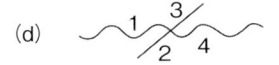

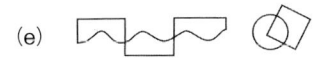

図 2.33 群化の要因 (Wertheimer, 1923)

第 2 章 形の知覚────55

に、他の条件が一定ならば、閉じた領域を作るものがまとまりやすい。

(4) **なめらかな経過**（あるいは**よい連続**）**の要因**（factor of good continuation）　たとえば図 2.33（d）のように、滑らかな経過、言い換えればよい連続を示す 1 − 4 の波形と 2 − 3 の直線がそれぞれまとまり、近接していてもなめらかな経過とならない 1 − 2、3 − 4 はまとまりにくい。

(5) **よい形の要因**（factor of good shape）　たとえば図 2.33（e）の右の図は近接と閉合の要因によれば左、中、右の 3 部分に分かれるはずだが、重なりあった円と四角形に見える。単純で、規則的で、対称的な形が生じるようにまとまりやすい。

(6) **共通運命の要因**（factor of common fate）　たとえば図 2.33（f）のように、静止していれば 3 個ずつの 4 群に見えるが、もしこのうちの 3, 4, 5, 9, 10, 11 の 6 個の点だけが同時に同方向に動いた場合には、動いた 6 点と静止した 6 点が、それぞれまとまって見える。このように共通の運動や変化をするものがまとまって見えやすい。たとえば個人個人がバラバラに動く群衆のなかで団体行動をとる人々はまとまって見える。

(7) **客観的構えの要因**（factor of objective set）　たとえば**図 2.34**（d）では同形同大同色の点が 9 個並んでいるから、近接、類同の要因ではどのようにまとまるかは決められない。図 2.34 の（a）（b）（c）（d）の順に提示すると 1 − 2, 3 − 4, 5 − 6, 7 − 8 のまとまりが生じやすく、（g）（f）（e）（d）の順に提示すると、2 − 3, 4 − 5, 6 − 7, 8 − 9 のまとまりが生じやすい。このように客観的な提示順序などから生まれた観察者の構えでまとまり方が決まる場合もある。

(8) **過去経験の要因**（factor of past experience）　たとえば**図 2.35**（a）の書き文字はローマ字を学んだ人には juni と読めて、決して**図 2.35**（b）のようにはまとまらない。かな文字の草書体なども、なれた人には読めるが、なれない人には文字ごとに分

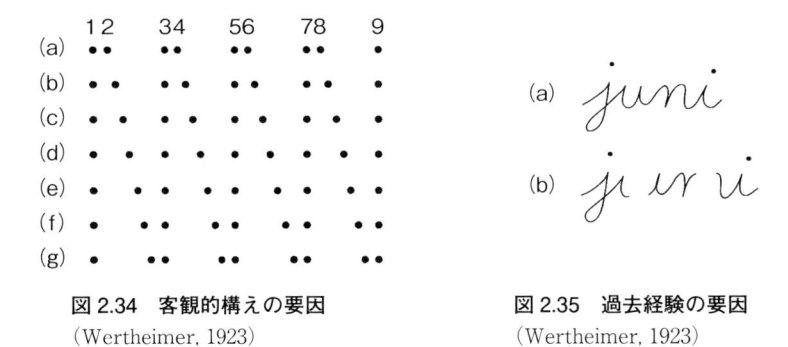

図 2.34 客観的構えの要因
（Wertheimer, 1923）

図 2.35 過去経験の要因
（Wertheimer, 1923）

MとWにわかれて見えるか
（Wertheimer, 1923）

ゴットシャルトの研究
（Gottschaldt, 1926）

図 2.36 経験の効果

第 2 章 形の知覚

けて読みにくい。ただしこの過去経験の要因は他の要因に比べて比較的弱いものとされている。たとえば**図 2.36** の左図は W と M が上下に組合わされている。M. ウェルトハイマーの頭文字であるにもかかわらず、本人にも気付かないという。なめらかな経過の要因の方が過去経験の要因よりも強く働くのであろう。また図 2.36 の右図（a）に示した形の 1 つを 500 回も提示してからその右の（b）図を見せたゴットシャルト（Gottschaldt, 1926）の実験でも、観察者たちはそれぞれの中にある（a）図部分をなかなか見いだせなかったという。

これらの要因については、群化を始めとする多くの知覚現象の重要な規定要因として繰り返し多くの教科書に記述されてきたが、多くの場合それらの諸要因は並列的に列挙されていて、それらの影響力の相対的比較や量的測定に乏しかった。

2.3.2　群化の要因の量的比較

これらの諸要因の相対的比較や量的測定が可能である。たとえば近接の要因と類同の要因の場合、ウェルトハイマー（Wertheimer,

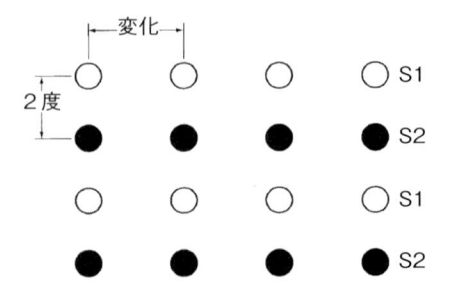

図 2.37　近接の要因と類同の要因（1）
図中の 2 度は観察者の眼に対する縦の間隔の角度（視角）を示している。

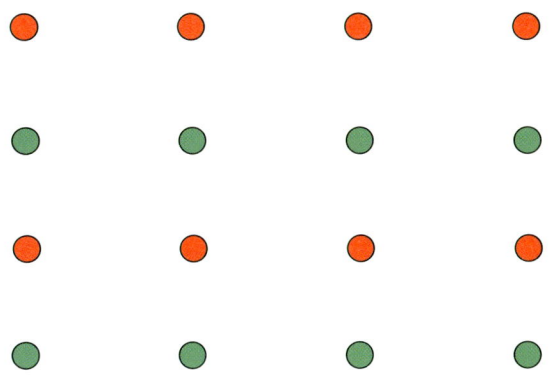

図 2.38　近接の要因と類同の要因（2）

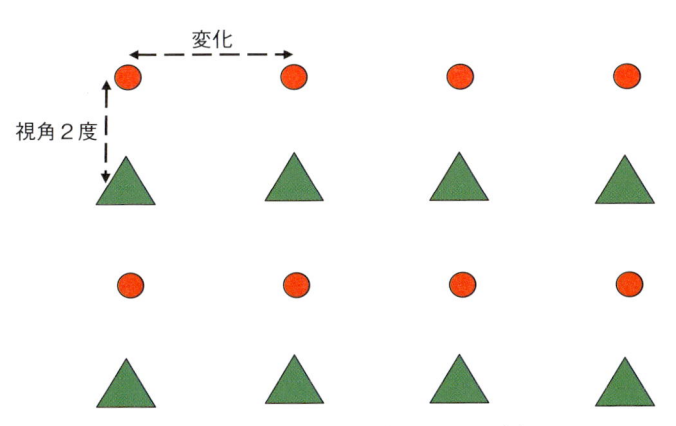

図 2.39　近接の要因と類同の要因（3）

変化

視角 2 度

1923）自身がすでに示しているように、**図 2.37** のような刺激布置を用いて、両者の効果が比較できる。図中に 4 行 4 列に並んだ小円は上下の間隔が近接しており、近接の要因によって縦 4 列にまとまって見えることもあるし、水平に同じ色の小円が並んでいるから、類同の要因に基づき横 4 行にまとまって見えることもある。この 2 つのまとまり方のいずれが優勢かによって、近接の要因と類同の要因の効果が比較できる。その際、上下の間隔と左右の間隔の関係を調整すれば、縦のまとまりの傾向と横のまとまりの傾向が均衡した配置が作れる。大山ら（Oyama, Simizu, & Tozawa, 1999）はコンピュータ画面上で**図 2.38** のように上下間隔が一定のまま、左右間隔を観察者のキイ押し反応に応じて変化させて、実験的に縦横のまとまりの起こりやすさが均衡するための左右間隔を求めた。

　各刺激対象の色・輝度（明るさ）・形・大きさの類同性を変化させて、このような実験を行った結果によると、刺激対象間の明るさや大きさの差が大きいほど、水平の群化と垂直の群化の生起率が均衡するための水平間隔（均衡間隔）が大となった。

　さらに**図 2.39** のように、色・明るさ・大きさ・形の差を組み合わせた刺激を用いて検討した。その結果では、色だけ、明るさだけという風に 1 つの属性だけが違う刺激対象の組み合わせよりも、色も違い明るさも違うというような 2 つの属性で違う刺激対象の組み合わせ、さらには、色・明るさ・大きさなどの 3 属性で違う刺激対象の組み合わせ、色・明るさ・大きさ、形の 4 つの属性で異なっている刺激対象の組み合わせとなるほど、順々に均衡する水平間隔が大となった。すなわち差異のある属性数が増加するほど均衡間隔が増大した（大山, 2003, 2010）。

2.4 形の象徴性

2.4.1 maluma と takete の表わす形

　形と語音の連合について、ゲシュタルト心理学者ケーラー(Köhler, 1929)が興味深い実験について論じている。曲線からなる無意味な形と、直線と鋭角からなる無意味な形を見せて、それらにmaluma と takete という無意味な語を当てはめさせると、その結果は人々の間で非常によく一致した（**図 2.40**）。多くの人は曲線形には maluma、直線形には takete を選んだ。丸い形が穏やかな印象を与え、角張った形が緊張感を起す。大山・芳賀（Oyama & Haga, 1963）がかつてさらに**図 2.41** に示すような形に対して SD 法（p.18 参照）を用いて、調べたところ、複雑な形が動的で、簡単な形が静的であり、規則的な形がよく、不規則な形が悪い印象を与えることが示された（大山, 2000, 2010）。

2.4.2 国際比較

　大山ら（Oyama et al, 2008）は、**図 2.42** に示す 16 図形を用いて形の象徴性の文化間比較研究を行った。10 の単語それぞれを表すのにもっとも適した形を、日・台・韓・米・豪・伊・独・セルビア・スロバキアの 9 地域の大学生に 16 の図形から選んでもらった。その結果は、文化と言語を超えて非常に類似していた。**図 2.43**、**図 2.44** に示すように、多くの地域で、たとえば、「幸福」「永遠」には規則的な形（a, i, j, m, n）、「驚き」にはやや複雑で規則的な直

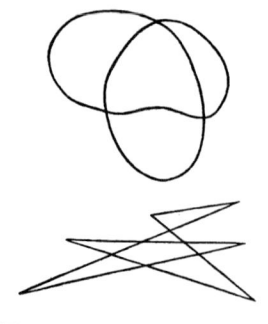

図2.40　Maluma & Takete
（Köhler, 1929）

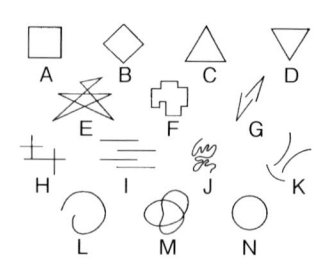

図2.41　形の象徴性
（Oyama & Haga, 1963）

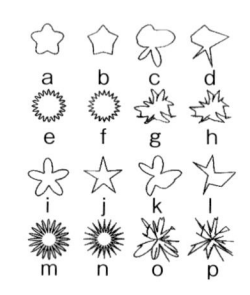

図2.42　コンピュータで作成の形
（Oyama, Yamada & Iwasawa, 1998）

規則的（a, i, j, m, n）：
　「幸福」、「永遠」
複雑、規則的、直線
（f, n）：
　「驚き」
単純、不規則
（c, k, l）：
　「孤独」「創作」

複雑、不規則（直線）
（h, o, p）：
　「怒り」「破壊」
やや複雑、規則的
（e, f）：「時間」
やや複雑、不規則
（g, h）：
　「不安」「恐れ」

図2.43　形と言葉の連合（1）
（Oyama et al., 2008）

図2.44　形と言葉の連合（2）
（Oyama et al., 2008）

線形（f, n）、「孤独」「創作」には比較的単純で不規則な形（c, k, l）、「怒り」「破壊」には不規則な多角形（h, o, p）、「時間」にはやや複雑で規則的な形（e, f）、「不安」「恐れ」にはやや複雑で不規則な形（g, h）が多く選ばれた（大山, 2000, 2010）。

【参考図書】

大山　正（2000）『視覚心理学への招待』サイエンス社
　本章の執筆者が視覚心理学全体を解説した著書で、本書の内容をより詳しく知りたい読者は参照されたい。

大山　正（2010）『知覚を測る──実験データで語る視覚心理学』誠信書房
　本章の執筆者が中心となって行った研究成果に基づいて視覚心理学全般とその研究法を具体的に解説している。

大山　正・今井省吾・和気典二（編著）（1994）『新編感覚・知覚心理学ハンドブック』誠信書房
　五感に関するすべての問題を個々の研究成果に基づいて解説した大部な専門書。視知覚に就いて一番多くのページを割いている。

大山　正・今井省吾・和気典二（編著）（2008）『新編感覚・知覚心理学ハンドブック Part 2』誠信書房
　上記に最近の発展を補足したもの。

後藤倬男・田中平八（編）（2005）『錯視の科学ハンドブック』東京大学出版会
　錯視に関する研究成果に就いて組織的に展望した専門的ハンドブック。

北岡明佳（2010）『錯視入門』朝倉書店
　従来から知られた錯視から著者の考案のものまで豊富な図解で示した、楽しい本である。

【引用文献】

Bahnsen, P.（1928）Ein Untersuchungen über Symmetrie und Assymetrie bei visuellen Wahrnemung. *Zeitschrift für Psychologie, 108,* 129-154.

Boring, E. G.（1930）A new ambiguous figure. *American Journal of Psychology, 42,* 444-445.

Boring, E. G.（1942）*Sensation and perception in the history of experimental psychology.* Appleton-Century.

Bruner, J. S. & Minturn, A. L. (1955) Perceptual identification and perceptual organization. *Journal of General Psychology, 42*, 33-44.

Cooper, L. A. & Shepard, R. N. (1984) Turning something over in the mind. *Scientific American, 12*, 114-120.

Ehrenstein, W. (1930) Untersuchungen über Figur-Grund-fragen. *Zeitschrift für Psychologie, 117*, 339-412.

Fraser, J. (1908) A new visual illusion. *British Journal of Psychology, 2*, 307-320.

Fuchs, W. (1923) Experimentelle Untersuchung über das simulane Hintereinander auf derselben Seherichtung. *Zeitschrift für Psychologie, 91*, 145-235.

Gottschaldt, K. (1926) Über den Einfluss der Erahrung auf Wahnernehmung von Figuren, I. *Psychologische Forschung, 8*, 261-317.

後藤倬夫・田中平八 (2005)『錯視の科学ハンドブック』東京大学出版会

Jastrow, J. (1899) The mind's eye. *Popular Science Monthly, 54*, 299-312.

Koffka, K. (1935) *Principles of Gestalt psychology*. Harcourt.

Kanizsa, G. (1976) Subjective contours. *Scientific American, 23* (4), 18-52.

Köhler, W. (1929) *Gestalt psychology*. Liveright.

北岡明佳 (2001)「錯視のデザイン学⑨・渦巻きを見る脳の数学的テクニック」『日経サイエンス』*31 (10)*, 96-98.

北岡明佳 (2010)『錯視入門』朝倉書店

Metzger, W. (1953) *Gesetze des Sehens*. 2 Aufl. Kramer. (盛永四郎 (訳) (1968)『視覚の法則』岩波書店)

盛永四郎 (1933)「ツェルネル氏錯視の研究」『心理学研究』*8*, 195-242.

盛永四郎 (1957)「ゲシュタルト要因」梅津八三・相良守次・宮城音弥・依田新 (監修)『心理学事典』平凡社, 162-163.

盛永四郎 (1965)『視覚心理学』明玄書房

小保内虎夫 (1930)「偏倚の週期性現象の研究 (序報)」『心理学研究』*5*, 469-474.

小笠原慈瑛 (1952)「同心円の偏位効果」『心理学研究』*22*, 224-234.

Oyama, T. (1960) Figure-ground dominance as a function of sector-angle, brightness, hue and orientation. *Journal of Experimental Psychology, 60*, 299-305.

大山　正（2003）「色相・明るさ・形・大きさ・空間位置情報の総合」『基礎心理学研究』*22*, 108-114.

大山　正（2000）『視覚心理学への招待』サイエンス社

大山　正（2010）『知覚を測る──実験データで語る視覚心理学』誠信書房

Oyama, T., Agostini, T., Kamada, A., Markovic, S., Osaka, E., Sakurai, S., Sarmany-Schuller, I., & Sarris, V.（2008）Similarities of form symbolism among various languages and geographicalregions. *Psychologia（Kyoto）, 51*, 170-184.

Oyama, T. & Haga, J.（1963）Common factors between figural and phonetic symbolism. *Psychologia, 6*, 131-144.

大山　正・岩脇三良・鎌田晶子（2003）「形の象徴性の文化間比較──9地域間比較」『日本心理学会第67回大会論文集』660.

Oyama, T, Simizu, M., & Tozawa, J.（1999）Effects of similarity on apparent motion and perceptual grouping. *Perception, 28*, 739-748.

Oyama, T., Yamada, H., & Iwasawa, H.（1998）Synesthetic tendencies as the basis of sensory symbolism: A review of a series of experiments by means of semantic differential. *Psychologia, 41*, 203-215.

Rock, I.（1974）Perception of disoriented. *Scientific American, 230*, 55-64.

Robinson, J. O.（1972/1998）*The psychology of visual illusions*. Hutchinson/ Dover.

Rubin, E.（1921）*Visuell wahrgenommene Figuren*. Gyldendalske.

Watanabe, T. & Oyama, T.（1988）Are illusory contours a cause or consequence of apparent differences in brightness and depth in the Kanizsa square? *Perception, 17*, 513-521.

Wertheimer, M.（1923）Untersuchungen zur Lehre von der Gestalt. I. *Psychologische Forschung, 4*, 301-350.

第3章

空間の知覚

　写真や、透視画法に忠実な西洋画では、遠くの山は距離に反比例して小さくなっている。しかし日本画では遠くの富士山が大きく描かれている。われわれが実際に見ている富士山は大きく迫力がある。それをその地点でカメラで撮ってみると、小さい富士山しか写っていない。われわれは、遠近に応じて、網膜に映る映像を修正して知覚している。このような立体感を生む手掛かりは種々あるが、その一つは両目の位置がわずかに左右にずれているために生じる両眼視差である。これを利用したのがステレオスコープや３Ｄ映画である。しかしそれら手掛りも遠方の対象に対しては、あまり効果がない。むしろ、観察者の移動に伴う遠近対象の位置関係の変化の方が、強い遠近感を生じさせる。パイロットはこの運動視差を用いて滑走路の面を知覚している。

3.1　3次元空間の知覚と表現

3.1.1　2種類の視覚像

　絵画、写真、映画、アニメーションはみな同様に視覚像である。ここでいう視覚像には、2通りの意味がある。ひとつは、「鑑賞する人に視覚を生じさせる外部的原因となる画像」という意味で、この点に関しては、映画やアニメーションも絵画や写真と差異がない。映画やアニメーションの場合も、劇場のスクリーンやTVモニター上の画像を、観客が適切な位置から見て、初めて鑑賞できる。スクリーンやTVモニターが絵画の画面に相当する（**図3.1**参照）。写実的絵画や写真は、画家やカメラマンが写生または撮影の位置から見た際の、上に述べた第一の意味での視覚像（網膜像R）を忠実に再現したものである。画家やカメラマンの目の網膜に写る像と同じ像を観客の目の網膜に与え、観客が画家やカメラマンと同じような知覚像（P）を得ることを期待している。（なお図中では、眼球内の網膜像は、目の前に置かれた仮想の平面に於ける投射像で表されている。）しかし写実的絵画や写真は、第二の意味の「表現の対象となる、画家やカメラマンの頭の中の知覚像（P）」を直接描いたわけではない。

3.1.2　透視画（図）法

　図3.2のレオナルド・ダ・ヴィンチの「最後の晩餐」で代表されるような透視画（図）法（perspective）または線遠近法（linear perspective）（**図3.3**、**図3.4**）は、対象と画家の目を結ぶ、いわゆ

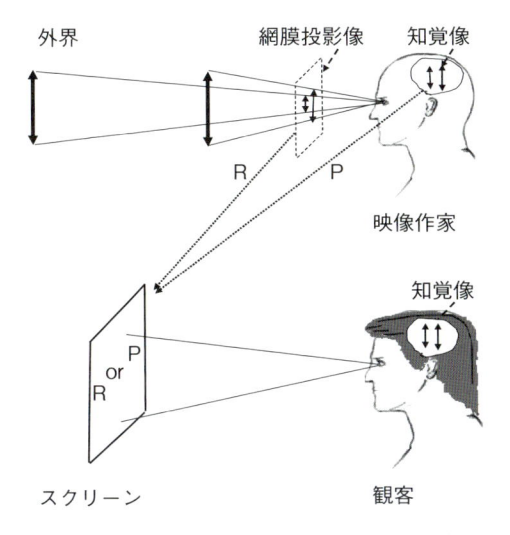

図 3.1　2 種の視覚像：網膜像（R）と知覚像（P）（大山, 2005）

図 3.2　レオナルド・ダ・ヴィンチ：最後の晩餐（15 世紀末）

図 3.3　透視図法の原理（Taylor, 1715）

図 3.4　透視図法の描き方（デューラー）

図 3.5a　サン・イニャツィオ教会の天井画：ポッツォ作（1700 年頃）指定点からみる（Blakemore, 1977）

図 3.5b　外れた位置からみる

る「視覚のピラミッド」の断面を描く技法であり、画家の視点からの視覚像（R）を忠実に再現するために開発されたものである（アルベルティ, 1971）。それは上述の第一の意味での視覚像（R）を観客に提供している。観客が現場に行かなくても現場に行ったように感じさせるものである。視線に直交した外界にある一定平面への投影であり、現場の代用品である。この役目は透視画法絵画より後に開発された写真が十二分に果たしている。しかしそれらを正しく観賞できる人の視点が限られている。たとえば、サン・イニャツィオ教会のポッツォ作の天井画（**図3.5a**）は聖人が天使とともに空高く昇っていく情景をリアルに描いた素晴らしいものであるが、見る視点が教会の床の中央に大理石で表示されている。これから離れた位置では完全な立体的映像は得られない（**図3.5b**）（黒田, 1992）。ダヴィンチの「最後の晩餐」の場合は透視画法が完全に再現できる正しい鑑賞視点は床に立った人の目の位置より高いと言われる。透視画法の泣き所である。多数の客席をもつ映画館のスクリーンに投影された画像が忠実に透視画法に従っていても、それを正確に鑑賞できる客席はごく限られている。

3.1.3　透視画法の問題点

　また、たとえ透視画法が正確に再現できる位置から鑑賞しても、透視画法に忠実に従った絵や写真は、固定した視点から単眼で見た映像（R）を再現するだけである。しかし画家や映像作家自身は両眼で、頭を自由に動かしながら対象を見ている。その際に彼らが利用できる後述の両眼視差や運動視差の手がかりは鑑賞者には利用できない。鑑賞者が両眼で頭を動かして画面を見るとかえってキャンバスやスクリーンの平たさを知覚するだけであり、逆効果である。
　透視画法（線遠近法）は単眼視における奥行き情報を正確に再現する。しかし前述のように正確に透視画を見るための観察者の視点

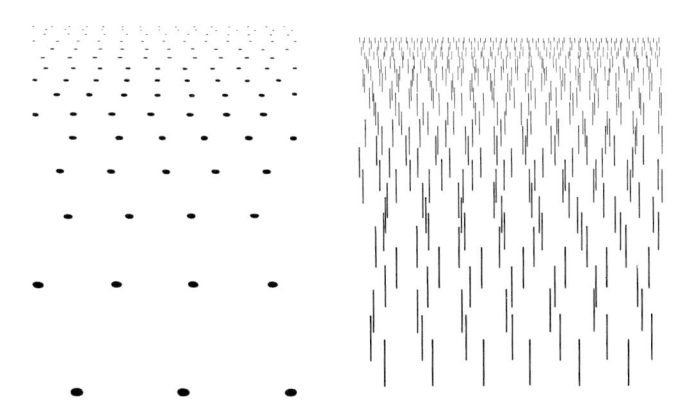

図 3.6 テクスチャーの勾配 (Gibson, 1950)

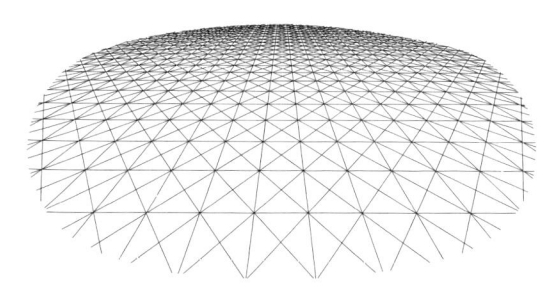

図 3.7 縞模様のパースペクティヴ (Gibson, 1950)

の位置が一点に限定されているなどの限界がある。また透視画において注意すべきは、縦横上下の寸法は対象の観察距離に単純に反比例して画面上で縮小するが、対象の前後の寸法は画面上では観察距離の2乗に反比例して、さらに急速に減少する（**図3.6**、**図3.7**）。したがって、視線方向に等間隔に前後に並ぶ草や石畳のテクスチャーは観察点（撮影点）から遠方に行くほど、小さくなるだけでなく、奥行き方向の幅や密度がさらに急速に狭くなるように変形する。たとえば透視画法では、正面方向に遠方まで続く道路の左右に立つ家並みの柱の間隔や窓などの形は、相似形の台形ではなく、遠くのものほど、扁平な台形になる（**図3.8**、**図3.9**）。

　広角レンズと望遠レンズの差は、このような縦横方向と奥行き方向の寸法関係に現れる（**図3.10**）。その点から、遠方から望遠レンズで撮影しても、近接して標準レンズで撮影した写真の代用にはならない。たとえば、望遠レンズで正面から写した自動車の車列は車間距離が非常に接近してぶつかりそうに見えるのは上述のように奥行き方向の縮小が急速なためである。しかしレンズの焦点距離に反比例した大きさに、引き伸ばしてみると**図3.11**のように望遠レンズで写した部分の建物は、引き伸ばされた標準レンズや広角レンズで写した写真の中央部分に同じように写っていることがわかる（大山, 1969, 2000）。望遠レンズで撮影したものは、標準レンズの視野の中央部分を高解像度で撮影したものに相当する。これは前出の図3.8、9の格子縞の透視図の遠景部分のみを切り取り拡大したものに対応する。

3.1.4　遠近感の誇張

　建造物の構造に遠近法を取り入れることによって、実際以上の奥行き感を出し、荘厳さや威厳を表現する方法は洋の東西を問わず用いられている。これらでは、参道や廊下や回廊の幅は手前が広く奥ほど狭くつくられて奥行きが誇張されている（**図3.12**〜**図3.15**）。

図 3.8　浅草仲見世

図 3.9　遠景の拡大による変形

図 3.10　望遠・標準・広角写真（大山, 1969）

図 3.11　左から標準・望遠写真、引き伸ばした広角写真（大山, 1969）

図 3.12　遠近の誇張：鎌倉八幡宮（1）（野口・増田, 1980）

図 3.13　遠近の誇張：鎌倉八幡宮（2）（野口・増田, 1980）

図 3.14　遠近の誇張：桂離宮新御殿（宮内庁）

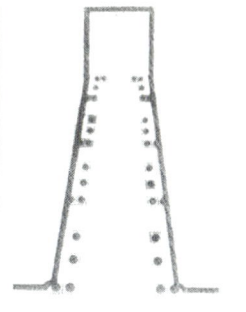

図 3.15　遠近の誇張：パラッツォ・スパーダ（黒田, 1992 の引用による）

第 3 章　空間の知覚────77

3.2 遠近感の手がかり

3.2.1 基本的手がかり

　目の網膜に投射される映像は2次元的であるにもかかわらず、われわれは3次元空間を知覚する。平面的な網膜像がなぜ遠近感を生じさせるのかは昔から問題とされてきた。目が2つあり互いに6cmあまり左右に離れているので、左右の目にわずかに違った映像が投射されていること（両眼視差, binocular parallax）（**図3.16**）が注目されて、19世紀に左右の目に少し視点が異なった写真や図を提示して立体感を生じさせるステレオスコープ(stereoscope)が開発された(**図3.17**)(Boring, 1942)。偏光メガネをかけて見る現代の3D映画などはその発展である。しかし両眼視差はその幾何学的性質上、遠距離になると観察者からの距離の2乗に反比例して急速に減少することが知られている（大山, 2000）。たとえば、1mの奥行きの差が与える両眼視差は、2倍の観察距離で4分の1、10倍の観察距離では100分の1となる。したがって、両眼視差は、遠景中の対象相互間の奥行き感にはさほど有効ではない。

　運動対象の映像では、近くの対象は速く、遠方の対象は遅く移動する。運動視差である（**図3.18**、**図3.19**）。遠景ではこの運動視差（motion parallax）の方が両眼視差よりも遠近感の手がかりとして有効である。運動視差は運動対象または観察者の速度に比例して増大するから、高速化するほど重要になる。第2次大戦時に飛行機のパイロットの奥行き知覚に関して研究していたギブソン（Gibson, 1950）によって注目された。その後、図に矢印で示されているような多くの映像の流れはオプティカル・フローとも呼ばれるようになった。アニメーション作成では、近景、中景、遠景を分けて数枚

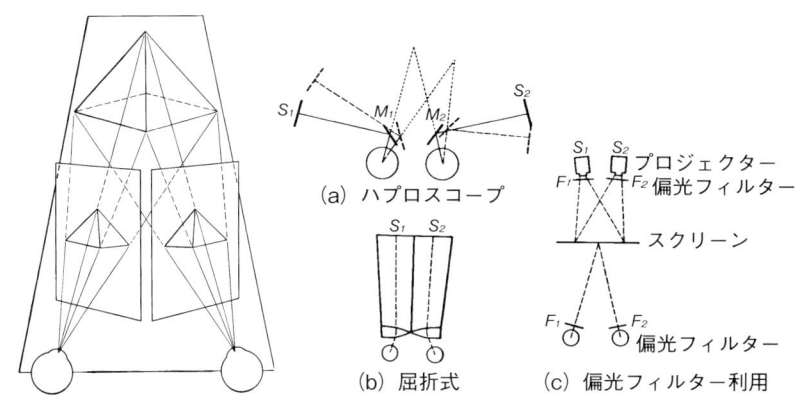

図 3.16 両眼視差
(Gibson, 1950)

図 3.17 種々のステレオスコープ（大山, 1984）
(a) ハプロスコープ
(b) 屈折式
(c) 偏光フィルター利用

図 3.18 運動視差（Gibson, 1950）A

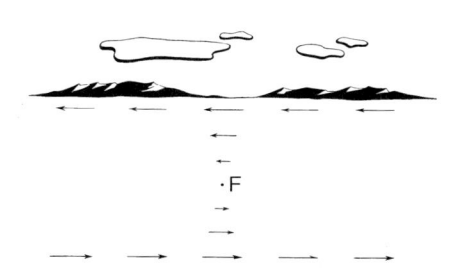

図 3.19 運動視差（Gibson, 1950）B

の透明板に描き、それらをカメラからの距離を変えて重ねて提示し、それらの画面をカメラを左右に移動させながら撮影するマルチプレーンの技法などで利用されている。この運動視差だけで他の奥行き手がかりがなくても後述する大きさの恒常性が現れる。

このほか遠近感の手がかりとされているものには、網膜像のピントを合わせるため目のレンズである水晶体のふくらみを毛様体筋で変化させる調節（accommdation）（図 3.20）、注目する対象の遠近に応じて両眼の視線の交わりを変化させる輻輳（convergence）（図 3.21）などのような生理的過程が明確な手がかりがあるが、その遠近感への有効性は近距離に限定されている。

3.2.2　絵画的手がかり

遠近感の絵画表現にも広く用いられる前述の線遠近法（透視画法）、網膜像の大きさ（大きいものほど近くに見える）、大気遠近法（aerial perspective, 図 3.22 のように明暗の差が少ないものは遠く見える）、テクスチャーの勾配（texture gradient, 図 3.23 〜 図 3.25 のような、地面などにほぼ一様に分布している斑点、人工物、草、樹木や砂利などの映像が小さく緻密になるほど遠く見える）、陰影（light and shade, 物体の下部に陰があると凸出して見え、事物の上部に影があるとへこんで見える。図 3.26 のように、同じ月のクレーターの写真を上下逆転すると凹凸も逆転して見える。また図 3.27 では裏返した凹型のマスクでも下から照明すると、正常の凸型に見える。これらは陰影の手掛りによる）、重なり合い（overlapping, 図 3.28 のように重なり合っている場合に隠しているものは近く、隠されているものが遠くに見える。図 3.29 に示すように、実際には重なってなくても、図 3.28 のようにあたかも重なり合っているように見える位置から見ると、角が切れているカードが背後に見える）などがある。これらの手がかりは絵画や写真だけでなく、日常生活における肉眼で見る景色における遠近感の手がかりとして大いに役立っている。

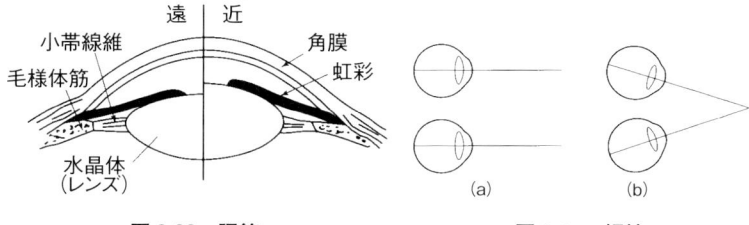

図 3.20 調節

図 3.21 輻輳

図 3.22 大気遠近法（Gibson, 1950）

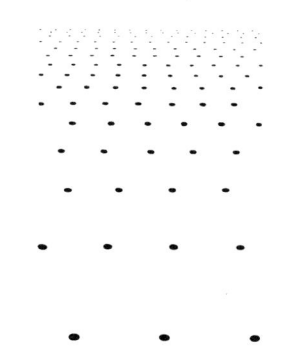

図 3.23 テクスチャーの勾配（Gibson, 1950）

図 3.24 人工物のテクスチャーの勾配（Gibson, 1950）

図 3.25 自然界のテクスチャーの勾配（Gibson, 1950）

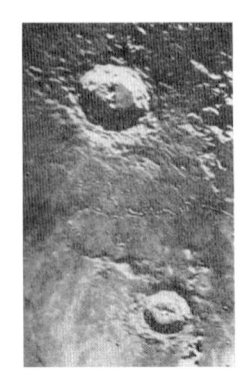

図 3.26　陰影：月のクレーター（大山, 2000）

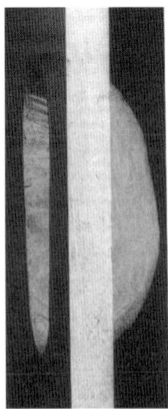

図 3.27　陰影と顔面（Yellot, 1981/大山, 1982）

図 3.28　重なり合いの効果（Ittelson & Kilpatrick, 1951）

図 3.29　実際の遠近関係（Ittelson & Kilpatrick, 1951）

3.3 知覚空間の性質

3.3.1 大きさの恒常性

図 3.30 のように、網膜像の大きさは観察距離に反比例して減少するが、われわれが頭の中で感じる知覚では、遠方の対象は網膜像が小さくても実際の大きさにさほど変わらないように知覚される（図 3.1 の矢印）。大きさの恒常性（size constancy）の現象である（大山, 2000）。遠方にあるものの網膜像は、距離に反比例して小さくなるが、われわれの感じる大きさはそれほど小さくならない（図 3.31、図 3.32）。遠方の人物が小人に見えるようなことはない。近くの人物とほぼ同じ大きさに見える。これが大きさの恒常性である。その点では、網膜像通りに、遠くのものを距離に反比例して小さく描く透視画法にとらわれず、遠景の大きさを頭で感じる大きさに描く東洋画の伝統やそれを取り入れたセザンヌの技法に学ぶべきであろう（図 3.33、図 3.35）。図 3.34 は広重が描いた富士山とほぼ同じ地点から撮影した写真である。広重がいかに透視図と異なり遠景を大きく描いているかがわかる。現代の言葉でいえば「大きさの恒常性」に従って、人が感じている知覚像（P）を表現している。セザンヌの作品にも同じ手法が認められる。しかし、大和絵のように遠方のものを近くのものと全く同大に描くと、図 3.36 の畳のように後方がかえって広がった逆遠近のように見える。それは、描かれた画像を鑑賞者が知覚する際に、日常場面で大きさの恒常性を成立させているのと同じ知覚傾向——すなわち遠方に見える線の長さを頭で補正して大きく知覚する傾向——が働くので、その結果として逆遠近に感じられるのである。

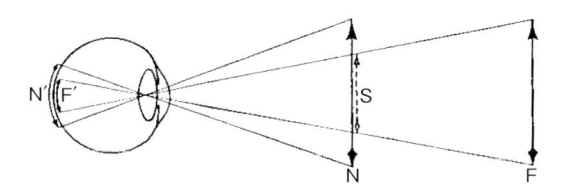

図 3.30　大きさと網膜像（大山, 2000）

図 3.31　大きさの恒常性（Boring, 1964）

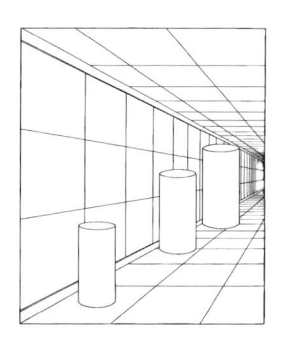

図 3.32　透視図と大きさの恒常性（Gibson, 1950）

第 3 章　空間の知覚────85

図 3.33　広重の冨士

図 3.34　図 3.33 とほぼ同じ地点から写した冨士

図 3.35　セザンヌ：サント・ヴィクトワール山（19 世紀末）

図 3.36　後醍醐天皇像（大徳寺蔵）

また戸澤・大山（2001）の実験では、**図3.37**の矢印のように運動視差を与えて2円をコンピュータ画面上に提示すると、2円は画面上では大きさが同一であるが動きの少ない円が遠く、そして大きく見えることが示された。

　また知覚する視覚像（P）では、大きさの恒常性のほかに形の恒常性（shape constancy）もあり、図3.9の道路の左右に立つ家並みの柱の列の場合には、網膜像は前述のように遠近に応じて変形しているはずなのに、遠方の家も近くの家と同じような形として知覚する傾向がある。たとえばユトリロの絵では、透視画法に正確には従わずに、同じような窓の形に描かれている（**図3.38**）。これは前述の知覚像（P）に表現したものといえる。

3.3.2　遠近の錯視

　図3.39、**図3.40**の人や猫の人形は右側ほど大きく見える。しかし実際は同じ大きさで、部屋の方がゆがんでいて、それを中央か右にずれた位置から片目で見ると、四角い部屋に大きさが違った人や人形が並んでいるように見えるのである。（**図3.41**）これはA. エイムズという人が考案した歪んだ部屋（Ames' distorted room）である（大山, 2000）。**図3.42**のように、人の目に映る形が一定でも、同じ映像（R）を目に投影する外界の事物はさまざまある。人はそのうちのひとつを選択して知覚しているのである。その選択の際に用いられる情報としては、両眼視であれば、両眼視差などが用いられるが、片目であると、過去経験や知覚される形の安定性などが影響し、歪んだ部屋と見るよりは、四角い普通の部屋と見やすい。

　図3.43のようないわゆる「遠近反転図形」では、同じ図形がそれぞれ2通りの見え方をする。上からみた立体形や、階段と見えたり、下から見上げた立体や階段と見えたり、手前を向いた風車や椅子のシルエットと見えたり、後ろ向きの風車や椅子と見えたりする。

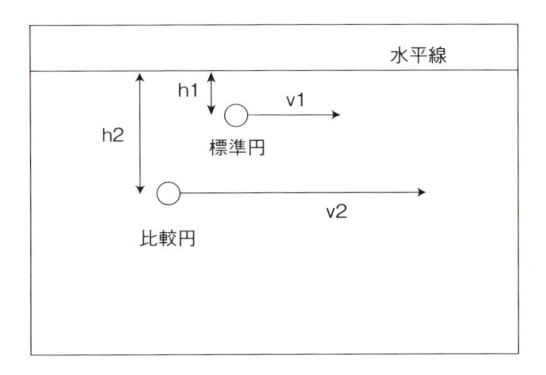

図 3.37　運動視差と大きさの恒常性 (戸澤・大山, 2001)

図 3.38　ユトリロ作品 (1940 年頃)

図 3.39 エイムズのゆがんだ部屋（1）
（Wittreich, 1952）

図 3.40 ゆがんだ部屋（2）
（野口・増田, 1980）

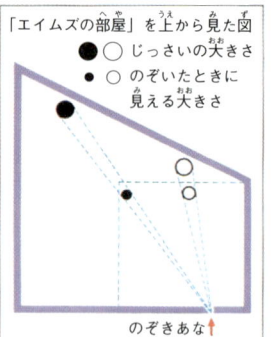

図 3.41 ゆがんだ部屋（3）（野口・増田, 1980）

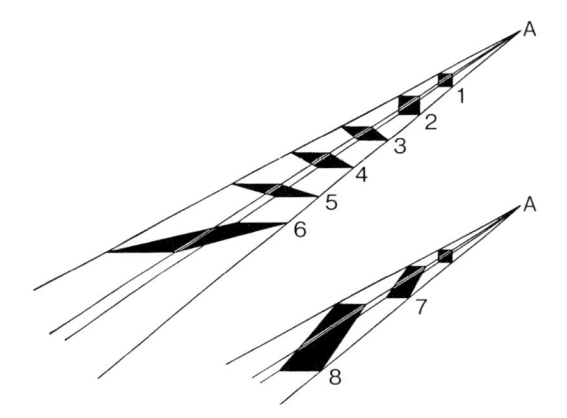

図 3.42　同じ投影を与えるさまざまの形

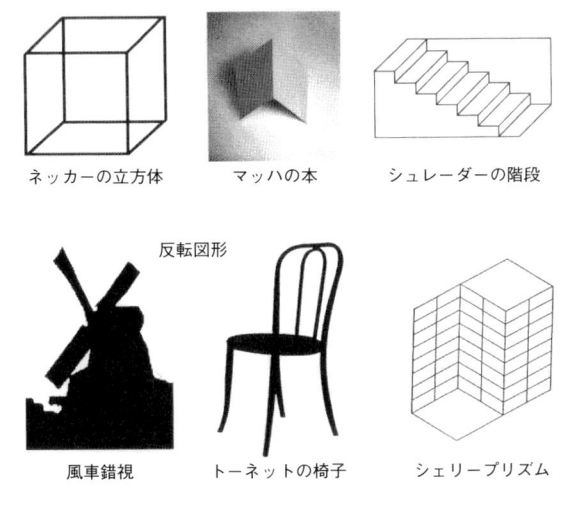

図 3.43　遠近反転図形（後藤・田中, 2005）

ネッカーの立方体　マッハの本　シュレーダーの階段

反転図形

風車錯視　トーネットの椅子　シェリープリズム

第3章　空間の知覚────91

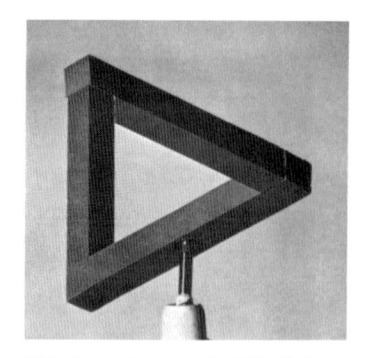

図 3.44 ペンローズの不可能な三角形（Gregory, 1968）

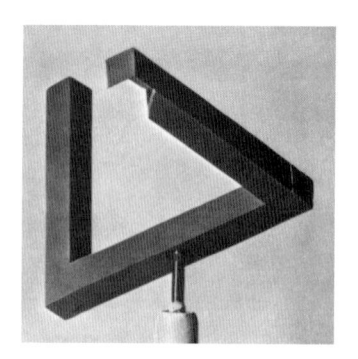

図 3.45 不可能な三角形を可能にする（Gregory, 1968）

図 3.46 だまし絵
M. C. Escher's "Waterfall" ©2014 The M. C. Escher Company-The Netherlands. All rights reserved. www.mcescher.com

立体的なのものを平面に投影した像なので、理論的には図 3.42 のように、さまざまな見え方が可能なはずであるが、それらのうちの 2 通りが安定しているなら、その 2 通りが交代で生じる。さらに、いろいろな矛盾しあった遠近感の手がかりが同じ絵の中に共存すると、**図 3.44** のような「不可能な 3 角形」や、**図 3.46** のようなエッシャーのだまし絵ができる。部分部分の立体感は安定しているが、それらの立体感は互いに矛盾し合って、全体として不思議な絵となっている。**図 3.45** は図 3.44 の不可能な 3 角形を可能にした R. L. グレゴリー（Gregory）発案の立体模型である。ある特定の方向から見ると図 3.44 のように見える。

【参考図書】
大山　正（2000）『視覚心理学への招待』サイエンス社
　本章の執筆者が視覚心理学全体を解説した著書で、本章の内容をより詳しく知りたい読者は参照されたい。
黒田正巳（1992）『空間を描く遠近法』彰国社
　建築家である著者が長年にわたり研究した遠近法、透視図法に関する体系的な著書。
後藤倬男・田中平八（編）（2005）『錯視の科学ハンドブック』東京大学出版会
　錯視に関する研究成果に就いて組織的に展望した専門的ハンドブック。
本明　寛（編）（1975）『別冊サイエンス　特集　視覚心理学――イメージの世界』日本経済新聞社
　Scientific American 誌に掲載された視覚関係の論文の翻訳の特集。国際的な視覚研究者がそれぞれの研究成果を一般読者にわかりやすく解説している。
野口　薫・増田直衛（1980）『講談社科学大図鑑　ふしぎな本① さっかく』講談社
　児童向けに解説されているが、内容は充実していて、図や写真がわかりよく工夫されている。

【引用文献】
アルベルティ, L. R.／三輪福松（訳）（1971）『絵画論』中央公論美術出版社
新規矩男ほか（編）（1960）『世界名画全集 別巻 広重 東海道五十三次』平凡社

Blakemore, C. (1977) *Mechanics of the mind.* Cambridge University Press.

Boring, E. G. (1942) *Sensation and perception in the history of experimental psychology.* Appleton-Century.

Boring, E. G. (1964) Size constancy in a picture. *American Journal of Psychology, 77,* 494-498.

Gibson, J. J. (1950) *Perception of visual world.* Houghton Mifflin.

Gregory, R. L. (1968) Visual illusion. *Scientific American, 219* (5), 66-76.

Ittelson, W. H. & Kilpatrick, F. P. (1951) Experiments in perception. *Scientific American, 185,* 50-55.

黒田正巳（1992）『空間を描く遠近法』彰国社

本明　寛（編）（1975）『別冊サイエンス　特集　視覚心理学——イメージの世界』日本経済新聞社

野口　薫・増田直衛（1980）『講談社カラー科学大図鑑　ふしぎな本① さっかく』講談社

大山　正（1969）「立体感・写真・透視図」大山　正・乾　正雄（編）『建築のための心理学』彰国社, pp. 29-55.

大山　正（編著）（1984）『実験心理学』東京大学出版会

大山　正（編訳）（1986）『別冊サイエンス　特集　視覚の心理学Ⅲ——色・運動・イメージ』80, 日経サイエンス社

大山　正（1994）『色彩心理学入門——ニュートンとゲーテの流れを追って』中公新書1169, 中央公論新社

大山　正（2000）『視覚心理学への招待』サイエンス社

大山　正（2005）「視覚像としてのアニメーション」『アニメーション研究』6, 34-48.

Taylor, B. (1715) *New principles of linear perspective.* London.（ゴンブリッチ, E. H.／白石和也（訳）（1991）『イメージと目』玉川大学出版部）

戸澤純子・大山　正（2001）「大きさ知覚における運動視差の効果」『日本心理学会第65回大会論文集』175.

Wittreich, W. J. (1959) Visual perception and personality. *Scientific American, 185,* 50-55.

Yelott, J. I. (1981) Binocular depth vision. *Scientific American.*（「両眼視における奥行逆転」大山　正（編）（1982）『別冊サイエンス　特集視覚心理学——イメージの科学』日本経済新聞社, 112-121.）

第4章

運動の知覚*

　運動視と呼ばれている視覚的運動の知覚には、運動対象に対する観察者の観察態度の影響を受ける場合と運動対象間の空間的または時間的な相対関係の影響を受ける場合とがある。前者は「みつめる」凝視の条件と「眼で追う」追視の条件に分けられ、後者は動きの「かたち」と動きによる「形」の変化とに分かれる。ここでの「かたち」とは運動する領域が周囲から分離して動き全体が一つの"もの"として、あるいは一個の"まとまり"として印象づけられるような場合を指し、「形」とは三角形とかサイコロ形、2次元平面的とか3次元立体的などというような視対象の形態または形状の変化を指すものである。

*より詳しい内容については中島ほか（1994）、吉村（2006）などを参照していただきたい。また本章には内容の理解を助けるための参考映像が、添付のDVDに収められている。

4.1 凝視と追視

　観察者が運動する対象を観察する条件には「凝視（または固視）」と「追視」がある。凝視条件では眼を動かさないようにして運動対象を観察することになるため、運動範囲が広い視覚対象では視野の比較的周辺部でその動きをとらえることになる。一方追視条件では眼を動かして運動する刺激対象を追跡するため、追跡している対象以外のものは視野の周辺部に置かれることになる。観察条件を凝視から追視に変えることで運動対象の見え方に大きな違いが生じることがある。[注]

[注]　凝視（固視）と追視の関係は、ビデオカメラで歩行者などの動く対象を撮影する場合に似ている。カメラを固定して撮影するときには静止した背景の前面を横切って進む運動対象が映し出されるが、カメラを手に持って動く対象を追跡するときには流れる背景の前面に止まった対象が映し出される。前者が凝視条件に、後者が追視条件に、それぞれ対応するといえるが、後者の場合には対象の動きに合わせて手を動かすという視覚と筋肉運動との間の協応動作が加わることになる。この「意図」をもった能動的な動作が視覚とカメラとの間に大きな違いをもたらすのである。たとえば撮影中にカメラの位置を動かすと出力画面の映像に大きな揺れを生じるが、われわれが観察中上下左右に眼を動かしても視覚の世界は安定していて大きな揺れを生じない。しかし、まぶたの上から軽く眼球を押して受動的な動きでもって観察すると、カメラの場合と同じように外界の揺れを感じるのである。視覚の場合にはカメラと異なり複雑な仕組みが備わっていることがわかる。この仕組みを説明するのに、能動的に眼筋を動かす脳中枢からの指令信号（遠心性信号）と受動的に眼の網膜から脳中枢に送られてくる外界変化に関する信号（求心性信号）との間の特殊な相殺過程を視覚系に仮定する相殺説（re-afference theory, corollary discharge theory）が知られている（大山, 2000; 本田, 1994; Gregory, 1998; 鷲見, 1979）。

4.1.1　自動運動

　暗室内で静止した光点をしばらく凝視していると、その光点が動いて見えるようになる。自動運動（autokinetic movement）と呼ばれるこの現象は毎秒 10 度（視角）程度あるいはそれ以下の速さで見られ、動きだすまでの潜時が約 6 秒、移動の範囲が 30 度（視角）以上といわれている。しかし個人差が大きいのでこの値は一定していない。暗室内で上下左右いずれか一方に眼を数秒間引きつけておいてから正面の光点に目を戻すと、光点は急速にそれまで凝視していた方向とは逆向きに動き出すように見え、しばらく動きを持続した後で方向を変えそれまで来た方に戻る運動が観察される（**図 4.1**）（Char-

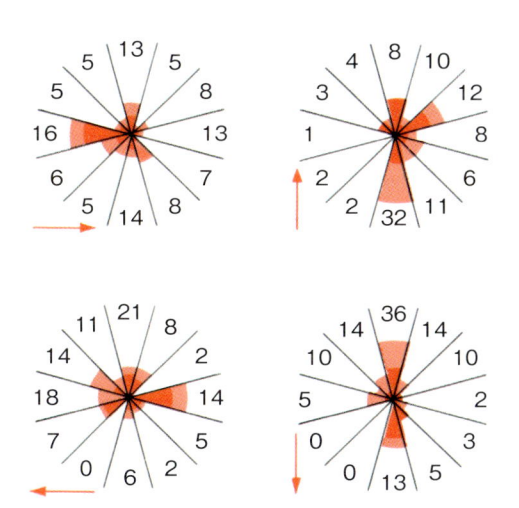

図 4.1　自動運動（Gregory, 1998）
暗室内で 30 秒ほど矢印方向に眼を引きつけておいた後で観察された自動運動（2 分間の運動持続秒数を 12 方向について示す）。

pentier, 1886; Adams, 1912; Gregory & Zangwill, 1963; Levy, 1972)。

4.1.2 運動残像

　滝の流れをしばらくじっと見つめていた後で周囲の静止対象に目を移すと、それらが滝の落ちる流れと逆向きに上方に動いて見える。この現象は滝の錯視（waterfall illusion）として知られ（**図4.2**）、運動残像（motion afterimage）あるいは運動残効（motion aftereffect, movement aftereffect; MAE）と呼ばれる。移動する乗り物から外の流れる景色をしばらく見つめた後で視線を前の座席に移すと、風景の流れとは逆向きの運動残像が座席の表面に見られるという正木（1941）の報告がある。円板に渦巻き模様を描いて回転させると全体の拡大（または縮小）が見られ、しばらく円板を凝視した後で回転を止めると全体の縮小（または拡大）の反対方向の運動残像が見

図4.2　滝の錯視と運動残効観察装置（Mather et al., 1998; Boring, 1942）

図 4.3a 渦巻き残効（1）（Robinson, 1972）
各図版を回転させて拡大（または縮小）運動をしばらく観察した後で回転を止めると、逆向きの運動残像が認められる。

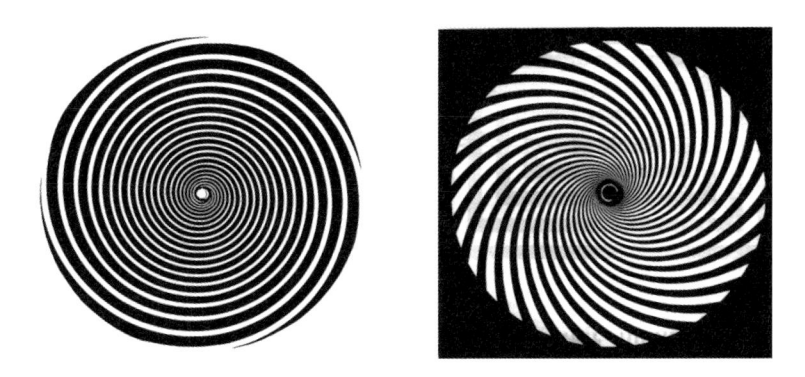

図 4.3b 渦巻き残効（2）（Carraher & Thurston, 1968）

図 4.4　Marcel Duchamp（1935）の作品（Sekuler & Levinson, 1986）
円板を回転させると拡大と縮小の 2 重渦巻き像の運動が見られる。

られる。このような現象は「渦巻き残効（spiral aftereffect）」といわれている（**図 4.3a, b, 図 4.4**）（Wohlgemuth, 1911; Carraher & Thurston, 1968; Holland, 1965; 蘆田 , 1994; Wade, 1994; Mather et al., 1998）。[DVD 参考映像：01 運動残効]

4.1.3　速さと距離

　客観的に等しい速度で移動している対象であっても追視と凝視では速さが異なり（アウベルト・フライシュル, Aubert-Fleischl）の逆説）、一般に追視よりも凝視のほうが1.3〜2倍程度速く動いて見える。鉛筆や指などを眼の前に立ててゆっくりと左右に動かしそれらの先端を追視してみると、静止背景が逆向きに動いて見える（フィ

レーネ（Filehne）錯視）。フィレーネ（Filehne, 1922）は追視による速さの減少分にあたる量が静止背景の逆向き運動になって現れるのではないかと考えた。等速で移動している対象を追視すると、対象は最初素早く後で緩やかな動きに変化する。したがって同じ速さで対象が動いているように見させるためには、最初緩やかでその後に素早い運動に変化させなければならない。また対象の動く距離は速さによっても違って見え、一般に速く動く物はより長い距離動いて見える傾向がある（Runeson, 1974; Dichgans et al., 1975; 本田, 1994）。

4.1.4　軌道の歪み

　暗室内で一個の光点を容易に追視できる程度のゆっくりした速さで動かすと、光点が描く軌道の形を観察することができる。見えの軌道は実際と異なり、直線運動では垂直あるいは水平の主要視方向に引き付けられるようにして歪んで見える。また回転する光点の円軌道は内側に大きく彎曲し、渦巻き状に縮小していくように見える。正三角形または正方形の軌道上を移動する光点を追視すると、図形の角の折れ曲がり点で大きな跳ね返り現象が見られる（藤井錯視：Fujii illusion）（藤井, 1943）。軌道の頂点角度が直角よりも鈍角でより顕著に現れ、軌道の折れ曲がり点に反射板のように視対象を置くと現象は弱まる。運動軌道の前面に図形を置いて軌道の一部を覆い隠すようにすると、運動点の軌道は図形の影響を受けてその現れ方を変える。ヘリング錯視やツェルナー錯視などの錯視図（第2章2.2.1参照）の直線部分を運動軌道に置き換えて観察してみると、静止図形と同じ錯視傾向が認められた。暗室内で2個の光点を同時に異なる方向に直線的に動かしてみると、それらの運動軌道は互いに影響し合いながら大きく彎曲して見える（Brown & Voth, 1937; 小川, 1938; 上山, 1941; 鷲見, 1962; Sumi, 1966; Nihei, 1973, 1975; Festinger & Easton, 1974; Mori, 1981; Swanston, 1984; Koga et al., 1998）。

4.2 動きのかたち

視覚的運動は同時に示される他の運動対象との間の相対的な空間関係あるいは時間関係に基づいてその見え方を決めてくるので、ここではそのような動きの特性を「かたち」の変化としてとらえてみる。これまで指摘されてきた特徴的な「かたち」の変化を以下に示す。

4.2.1 枠組み効果

視覚的運動対象間の相互関係から動きの見え方が決められてくる顕著な例に誘導運動（induced motion）がある。夜空に浮かぶ雲間に月が輝いて見えるとき、実際には雲が動いているのに月が雲間を縫って走り抜けていくように感じる。この現象は周りを取り囲む雲が枠組みとなって月の動きの見え方を決めてくると考えられる（2.3.1 群化の要因参照）。もし月と地上の建物との間に雲が置かれるならば、月と建物が雲に対する枠組みとなるため月の移動は認められない。

一般に、囲まれたもの、より暗いもの、より小さいもの、垂直以外の方向に向けられたものなどが他よりも誘導運動を起こしやすいといわれている。外枠の中に内枠を置き、内枠の中に静止検査対象を置くようにした複合枠組み条件では、検査対象は直接囲まれている内枠の動きに誘導され、内枠自身もまた外枠の動きに誘導される。自分の乗っている電車は止まっているはずなのに隣の電車の動きに誘導され動いて感じるのは、枠組み効果によって生じるビックリハウス現象である（Duncker, 1929; Wallach, 1959）（**図 4.5、図 4.6、図**

図 4.5 誘導運動（Metzger, 1953）
暗室内で矩形と点を並べて置き矩形を動かすとき（左上図）、点と矩形との相互間に動きが見られる（左下図）。矩形の内部に点が置かれた状態で矩形を動かしてみると（右上図）、矩形は静止し内部の点のみの運動が見られる（右下図）。

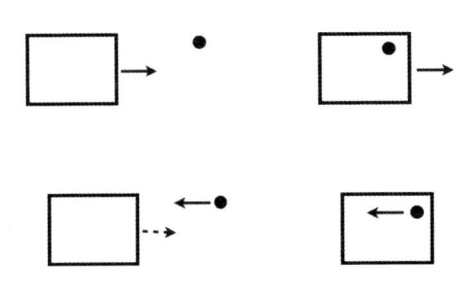

図 4.6 ビックリハウス現象（Metzger, 1953）
実際には部屋が動いて内部の人は静止状態にあるが（下図）、人には自分が動いて部屋は止まっているように感じる（上図）。

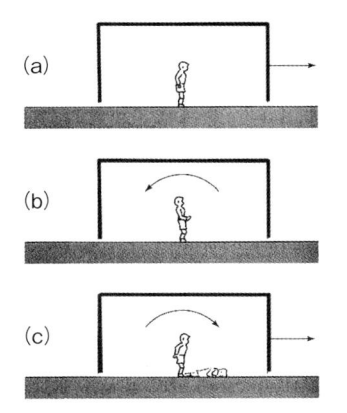

図 4.7 揺れる部屋現象（Goldstein, 1999）
Lee と Aronson（1974）の部屋の内部に立つ子どもたち（a）は部屋の揺れによる誘導運動の影響をうけ（b）、重心を揺れの方向に移動して身体を支えようとするため皆部屋の移動と共に同じ方向に向けて倒れてしまうことになる（c）。

第 4 章 運動の知覚――103

4.7)。[DVD 参考映像：02 誘導運動]

　ブラウン（Brown, 1931）は、窓枠の大きさが変わると、それにあわせて枠内の動く物の速さも変わって見えることを知り、運動に関係する物（窓枠とその内部の運動対象など）が同じ比率、たとえば2倍の大きさに変化すれば、速度もまた2倍にしないと同じ速さには見えないのではないかと考えた。これを速度の移調現象と呼んでいる（図4.8）。しかし必ずしも理論どおりにはならず、大山（Oyama, 1970）の測定によれば運動領域の2倍に対して1.1～1.4倍程度の速さの増加が観察されたのである。窓枠の形はその内部を移動する対象の運動方向の現れ方にも影響を及ぼし、同じ斜線模様であっても、縦長矩形の窓枠を通して見ると縦方向に、横長矩形の窓枠を通してみると横方向に移動して見える（飴ん棒錯視：barber pole illusion；図4.9）。またムサッティ（Musatti, 1975）は異なる図形を組み合わせて窓枠の背後を通過させるときには、通過図形の模様により実際とは異なるさまざまな動きが現れることを報告している（Lishman & Lee, 1973; Watanabe & Miyauchi, 1998; Takahashi, 2000）。[DVD 参考映像：03 窓枠と運動の速さ、DVD 参考映像：04 窓枠と運動の方向]

4.2.2　動きの方向

　夕暮れの空を背景にシルエットとして浮かび上がった風車を見ていると、回転する風車の羽根がときどき方向を逆転して見えることが知られている。風車を斜め方向から眺めた時、遠くの羽根と近くの羽根の遠近関係が反転するところから「風車錯視（windmill illusion）」と呼ばれるようになった。同じことが台形の長辺を手前に短辺を遠方に透視画法的に図案化された「エイムズの窓（Ames' window）」でも観察される。この台形窓を一定方向に回転させると回転途中で遠近関係の逆転がおこり、常に長辺を手前に短辺を遠く

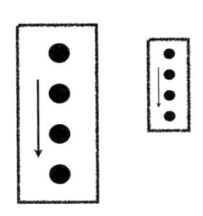

図4.8 速度のブラウン効果(Brown, 1931)
枠組みと内部を運動する視対象が同じ比率で変わると、運動速度も同様に変えないと(必ずしも同じ比率ではないが)等しい速さとして感じられない。

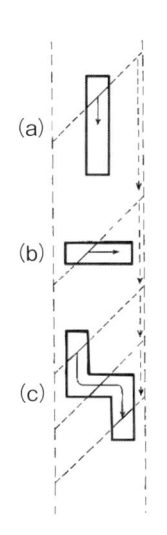

図4.9 枠組みと運動方向(Metzger, 1953)
下方向に移動する斜線模様を縦長窓枠(a)、横長窓枠(b)、階段状窓枠(c)を通して見ると、窓枠の形態により斜線模様の運動方向は矢印のように異なって現れる。

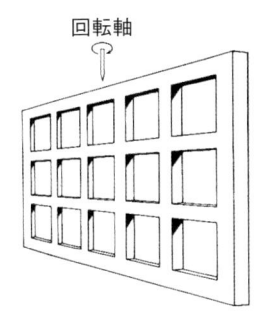

図4.10 エイムズの窓(Schiffman, 1996)
台形の窓を描いた平面図を回転してみると、窓は常に長辺を手前に短辺を遠くに置くようにして往復振動を示す。

においた往復運動として観察される。また窓枠にエンピツなどを取り付けてみると、窓枠とエンピツは互いに独立して動き、エンピツが窓枠を突き破って進んでいくように見える（**図 4.10**）。[**DVD 参考映像：06 エイムズの窓、動画映像**"**シルエット錯視（silhouette illusion）**"（http://www.michaelbach.de/ot/sze_silhouette/index.html）]

　糸の先に重りをつけ左右に揺らし灰色（ND）フィルターをいずれか一方の眼に付けて観察すると、振り子は奥行き回転運動となって現れる（プルフリッヒ効果）(Pulfrich, 1922)。フィルターを他眼に移してみると、運動方向は逆転する。このことから、灰色フィルターを付けることで刺激強度が他眼よりも弱まることから生じる現象と考えられている。運動方向はまた対象が床に落とす陰との関係でその見え方を変える。空間内を一定方向に移動する対象は、上からの照明を受けて床面に陰を落とすことになる。運動対象と床面に映る影との進行方向が異なると、運動対象の進む方向が床に対して平行に移動して見えたり斜め上方向に上昇して見えたりする。[**DVD 参考映像：05 影の運動効果**] Op-art にみられるような規則性の細かい縞模様図を凝視しているときに知覚されるさまざまな動きの模様は、2 枚の縞模様の重なり合いから生じるモアレ図（moiré fringes）と関連づけて考えてみることができる (Boring, 1942; Pulfrich, 1922; Kersten et al., 1997; Wade, 1998; 吉村, 2009; 和気, 1982)。

4.2.3　奥行き運動

　立体物を垂直軸のまわりに回転させてスクリーンにその影を映してみると、スクリーン上の動きは 2 次元（2D）であるのに影の動きは 3 次元（3D）として現れる。また、単一光点をオシロスコープ上に呈示し水平方向と垂直方向の振動周波数の比率を整数比にすると画面にリサジュー図形（Lissajous figure）が描かれる。この図形の振動比率をわずかに整数比からずらすと、明瞭な 3D 立体物の

奥行き回転運動が観察される（鷲見, 1979）。

　奥行き回転運動に特徴的なことは、図形を構成する成分に長さと方向の同時変化が含まれていることである。T字形図形の縦線を軸にして回すと横線の2D伸縮運動が見られるが、横線を斜線に変えて「イ」字形図形を回すと斜線の3D回転運動が見られる。もし円形窓を通して観察することでイ字形斜線部分から長さの変化を除くと、図形の奥行き運動印象は減少することになる。また、円板上に細長い棒を複数本垂直に立てて回転させながら側面から照明をあててスクリーン上に映る陰を観察してみると、縦棒の陰は互いに交差し合い左右往復運動を示す。しかし棒の配置条件を変えてみると、3D奥行き運動を生じることがある。この場合は方向と距離の同時変化を含まないので、対象間の速度差による相対的位置変化が主な要因として考えられる（Wallach & O'Connell, 1953; Braunstein, 1976; 吉村, 2009）。

4.2.4　伸縮性運動とオプティカルフロー

　花火の打ち上げに見られるような多数点群の加速度変化においては、視野全体が流体状の光学的拡大（縮小）パターンとしてまとまり伸縮性の非剛体運動あるいは単一体の接近後退運動として知覚される。比較的曖昧な視覚的運動パターンでは、同時に与えられる音の強弱が動きの見え方に影響する。誇張して描かれた加速性移動体に流線（action lines）が付けられると、それらは静止画から受ける加速印象を強調するように働く。鉛筆の端を指で支えて軽く上下に揺らすと、鉛筆があたかもゴム製であるかのように「たわんで」見えるラバーペンシル錯視を生じる。視野全体が流動体となって現れるような場合には観察者自体の動きの方向認知の手がかりとして与えられる（**図 4.11**）（伊藤・松永, 1991; 伊藤, 1996; 増田他, 2002; Masuda et al., 2002; Mori, 1995; Pomerantz, 1983; Ishiguchi, 1988; 池田

(a)　　　　　　　(b)　　　　　　　(c)

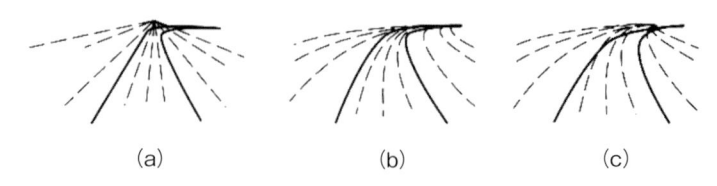

図 4.11　オプティカルフロー（Goldstein, 1999）
Lee（1980）はオプティカルフローの視覚情報（Opticflow lines for movement）が高速道路の運転者にとって自体の進行方向（直進（a）またはカーブ（b））を判断する大事な手がかりとなっているため、道路方向との間の不一致が認められる（c）ではハンドル操作が必要になると考える。

他, 2002)。

4.2.5　運動の分岐

　平坦な道を車輪が回転しながら進んでいくとき、車輪の外周に置かれた点は物理的にはサイクロイドと呼ばれる曲線軌道を描く。しかし見かけ上は物理的な運動と異なり、車輪外周の点は回転運動として知覚される（ワゴン・ホイール（Wagon-Wheel）効果）[**DVD 参考映像：07 サイクロイド運動**]。この効果は、車輪外周の点が車軸中心の点と結びつき、回転と前進とに運動を分岐することから生じるのである。運動点が互いにシンメトリーの関係に置かれたときに、分岐効果はより強く現れるといわれている。この現象の成り立ちをルビン（Rubin, 1927）は、大円の半径を直径とするような小円を、大円の円周に沿って内側に回転させることで示した。すなわち小円円周上の各点は直線往復運動であるのに、見かけ上は回転と前進運動に分岐して示されるのである [**DVD 参考映像：08 ルビン運動**]。ヨハンソン（Johansson, 1950）はこの種の分岐効果を運動視における「図と地の分化」としてとらえ（2.1 参照）、共通する運動成分が抽出されて「地」の運動となり、残余の成分が「図」の運動となって

現れると説明する。この図地関係について、大山（2000）は数学的モデルのあてはめを行っている（Kano & Hayashi, 1984; Kanizsa et al., 1994; Proffitt et al., 1979; 鷲見, 1991）。

4.2.6　機械的因果性

　ミショット（Michotte, 1963）は、対象 A が対象 B に向かって進み、接触後停止し代わって対象 B が動き始める、という条件の下で運動対象間に生じる因果性印象を観察した。A と B の間の速度関係を変化してみると、互いの間に「相手を突き飛ばす」「相手によらない自発的な運動」「相手を押しながら進む」といったさまざまな機械的因果性の明瞭な知覚が生じることを観察した（中村, 1991; Sumi, 1995）［**DVD 参考映像：09 因果関係の知覚**］。
　カッツ（Katz, 1950）は、歩行する人物像を撮影したフィルムとその鏡映像を示すコピーを作って重ね合わせて、映写してみた（図4.12a）。左右から近づいてきて出会う同一人物の二重像は互いに重なり合わさるとまるで空気でできた人間のようになってしまい（as if he were made of air.)、奇妙な現れ方を示す。彼はこの現象を鏡映像効果（mirror image effect）と名づけた。映像の人物は、相手のわきをすり抜けて反対側に出るというたんなる交差ではなく、相手と反発し合って互いに逆向きになり元の道へと引き返すある種の力動性を賦与された反発現象となって現れる。
　カニッツァ（Kanizsa, 1979）は、脚を動かすことができる人形を作って両脚交互に動かしてみたところ、2本の脚は交差ではなく、互いに反発し合うのを感じた（**図4.12**(b)、(c)、(d)）。同じ円周上を逆向きに回転する2個の対象間に生じる反発現象は、速度差を調整することで「ぶつかって跳ね返る」から「飛んできたボールを打ち返すバッティング」に至るさまざまな機械的因果性印象を生じさせる（Sumi, 2002）。2個の対象が交差する時、一方が他方と出会

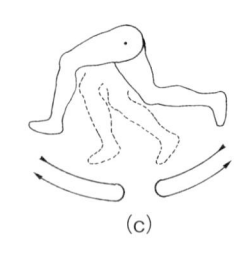

図 4.12　2個の運動対象間の反発現象
(a) 原映像とその鏡映コピーを重ね合わせたフィルムに見られる鏡映像効果（Katz, 1950）。(b) 人形の交差する両脚は (c) のように反発として現れ、左足つま先の目印 (d) は右足の同じ場所に飛び移るようにして見える（Kanizsa, 1979）。

い相手をすり抜けて反対側に出るという同一性保持の印象をもつためには、変化の少ない「滑らかな推移」が必要であって、この特性が失われると「こすり合う」や「ひっかかる」といった接触印象を生じるといわれている（大塚, 1939）。

　ハイダーとジンメル（Heider & Simmel, 1944）は単純な幾何学図形を動かすことで人間の意図と行動を明瞭に表示できることを示した。三角や丸を使って画面上で動かすことで（**図 4.13a**）、観察者は「AがBを追いつめる」とか「BがAの隙を狙って逃げ出す」といった物語を容易に作成できるのである［**DVD 参考映像：10 社会的因果性の知覚**］。大山他（2000）は、大きな青色円が左から中央に向けてアーチ状の跳躍運動で移動した後中央の小さな赤色円が右方向に同様のアーチ状の跳躍運動で移動するという継起的に呈示される運動を観察した（**図 4.13b**）。結果から、(A) 青の力で赤が押し出される、(B)

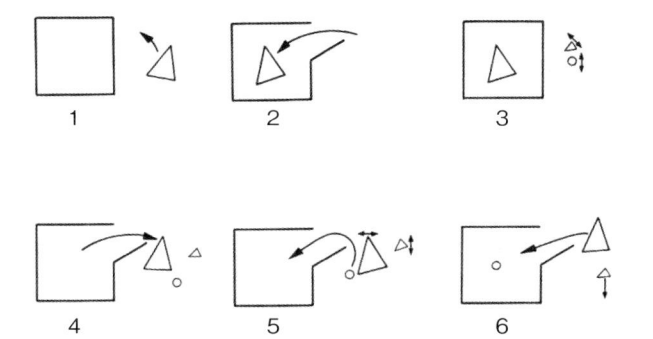

図 4.13a　運動による因果性表現（1）（Heider & Simmel, 1944；Bruce et al., 1966）
四角形の周りに大きな1個の三角と小さな1個の三角と1個の丸を相互に動かすことで、部屋のドアーの開閉を通じて1人の大人と2人の子どもとの間に起こるさまざまな3人のやり取りが明瞭に把握できる。

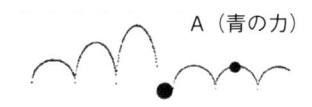

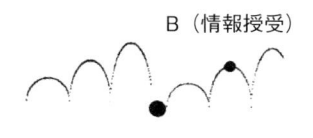

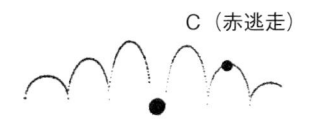

図 4.13b　運動による因果性表現（2）（大山他, 2000）
大きな円（実際は青色）が左から中央に向けてアーチ状の跳躍運動で移動した後中央の小さな円（実際は赤色）が右方向に同様のアーチ状の跳躍運動で移動する条件の下では、(A) 青の力で赤が押し出される、(B) 青から伝言を受け取って赤が走り出す、(C) 赤が青から逃げる、といった因果性の印象が得られた。

第4章　運動の知覚────*111*

青から伝言を受け取って赤が走り出す、(C) 青の接触によって赤の運動が解発される、青から逃げる、青から赤に色が変わって運動を続ける、などといった因果性の印象が得られた。また一般に振幅が次第に拡大される運動では生物的自発印象が生じやすく、振幅一定または縮小の運動では受動的機械的運動の印象が生じやすいこと、いままで報告されていなかった「情報授受」といったより複雑な印象が加わったこと、などが明らかにされた。

　ミショット (Michotte et al., 1964) は「トンネル効果」について観察している。すなわち対象Aが対象Bに向かって進み接触して消失するが、しばらく経った後でBの反対側に出現するように設定すると、Aの消失・出現だけしか提示されていないにもかかわらず、AはBの背後をくぐってトンネルを通り抜けるような印象をうける。Aが消失した後でBの面上にAを出現させた場合には、「AがBを貫通する」という印象と同時にBの固さが失われて膜面のような感じに変わるという観察が得られている。腹話術効果で知られるように音源位置は同時に提示される視覚刺激の影響を受けて変化し、静止した音源であっても運動する視覚刺激の影響を受けて移動するように感じられる。次第に遠ざかるように変化する視覚刺激をしばらく見つめた後では残像効果に似た現象が起こり、音の拡大が認められるという観察結果が報告されている (小松, 2000; 北川, 2000; Kitagawa & Ichihara, 2002; 重野, 2003)。

4.2.7　バイオロジカル・モーションの知覚

　光点を歩行者の各関節部位に取り付け、暗室内でそれらを運動点として観察してみる。歩行者が静止状態にあると光点群の無意味な集まりとしかみなされないが、いったん歩行者が動き始めると直ちに点群は明瞭な人間の歩行を示すまとまりとなる。このような動きに見られる生物性の運動印象をバイオロジカル・モーション

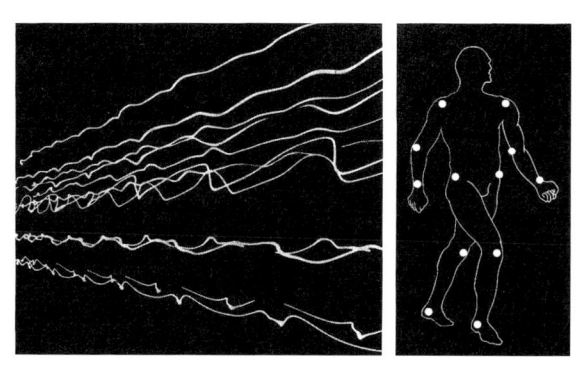

図 4.14 バイオロジカル・モーション（Johansson, 1973）
歩行者の各関節部位に付けられた光点（右図）が描く軌跡は左図のようになるが、観察者には明瞭な人間の生物的動作として知覚される。

(biological motion) の知覚と呼んでいる (Johansson, 1973)（**図 4.14**)。この種の運動刺激図は、少数点の動きを通じて微妙な男女間の動作特性の違いから動作に伴う意志（意図）や感情にいたる幅広い表現を可能にしていることで応用範囲が広い。中村（2003）は、金魚や木の葉など生物性・無生物性運動を点の動きで表現してみた。結果から、重力反抗型の運動は生物的運動として、重力依存型の運動は無生物的運動として知覚されやすいこと、また機械的運動の逆転では動きの印象に「自動力」および意図性が強まり生物性印象の動きが増大することなどが示された。大山他（1999）により、振動性運動刺激はその波形・振幅・速度の変化と関連して「鋭さ」「愉快さ」「追っかけられる」といったさまざまな感情効果を生じることが報告されている（石口, 1991; Blake, 1993; Sumi, 2000, 2005, 2007; Pollick et al., 2005）［**DVD 参考映像：14 バイオロジカル・モーション**］。

　吉田他（2001）は、赤・青の大小2円が連続アーチ型に運動するシーンを交互に提示してみると、多くの観察者がそれらの映像を男女や親子や人と動物の交流や敵対を含むストーリーとして受け取ることがわかった。たとえ単純な図形であっても、それらにいったん

動きが与えられると「生き物」としての印象が生じる。運動は静止像にはない生物的印象をもたらすことから、大山（2007）は、動物が、動きのある対象を敵として、餌として、異性として、あるいは仲間として認識するのと同じように、人間もまた「動き」からさまざまな生態学的な意味を受け止めていると説明する。

4.2.8　ストロボ視

　ストロボ光を用いた照明下では運動の連続性が失われるため、運動対象はすべて静止物の連続した位置変化として現れる。通常 8Hz 以下の頻度のストロボ光で運動する連続発光体（豆球や LED など）を照明すると、ストロボ光で照明された箇所と連続発光体との間に位置のずれが生じる。発光体を手に持って動かしてみると、あたかも指先から光源が飛び出し、遊離して自由に動き回るような不思議な印象が生じる。ストロボ照明下では飛来する物の到達時刻を予測できないため、キャッチボールのような物の受け渡しが難しい（Croft, 1971）。相場（1991）はストロボ光で照明された運動対象は連続光で照明された場合よりもより早く接近してくるように感じると述べている（Aiba, 1977）。ストロボ照明下では視覚的運動の連続性が失われるため、動きのまとまりに必要な知覚的群化の要因のひとつ「共通運命要因」（2.4 参照）が成り立たない。そのため別の要因、たとえば「近接の要因」に基づいた体制化が生じるので、一見してきわめて奇異な感じの知覚内容となるのである（MacKay, 1958; 鷲見, 1989）。なおストロボ光は周波数によって観察者に不快感を与える場合があるので、観察には十分注意を要する。

4.2.9 仮現運動

ストロボ視は運動する対象を連続的な位置の変化に置き換えて現すものであるが、静止する対象を継起的に呈示する場合にも同一対象の移動に似た運動印象が生じる。このような運動印象を仮現運動（apparent motion）と呼んでいる。われわれはその身近な例を映画にみることができる。β 運動（驚盤運動）ともいわれているこの種の現象は、ある位置に呈示された第1刺激が消失後わずかな休止時間をおいて第2刺激が別の位置に現れると、第1位置から第2位置に向かって1個の対象が動いたかのように見えることである。観察に用いられる刺激対象は、単一の視覚図形からランダムドット・キネマトグラム（random dot kinematogram）まで、また音刺激から触刺激に至るまで、多種多様である。また、仮現運動は映画（キネマ）としてすべての人が楽しく観察できるので、昔から数多くの動きの玩具や器具が発明されてきた（図 4.15、図 4.16、図 4.17）（Hall et al., 1952; Geldard, 1975; 佐藤, 1991; 江島・大谷, 1991）［**DVD 参考映像：11 仮現運動**］。

仮現運動現象を最初に研究したウェルトハイマー（Wertheimer, 1912）は、休止時間がおよそ60ミリ秒で明瞭な良い運動が得られ（最適時相）、30ミリ秒以下では両刺激が同時に出現し（同時時相）、さらに200ミリ秒以上では第1刺激に引き続いて第2刺激が現れる（継起または継時時相）というようにその見え方を区別した。他に軌道の中間でトンネルをくぐり抜けるように感じるトンネル印象や対象の動きは見られないが運動の印象のみが経験される「純粋運動」（純粋ファイ）などについて述べている。その後数多くの研究者によって α 運動、γ 運動、δ 運動、ε 運動、影の運動、跳躍運動、line-motion 錯視などと呼ばれるさまざまな仮現運動の現われ方が報告されている。

仮現運動が最適な状態で現われる条件についてはコルテの法則

図 4.15　プラトーのフェナキストスコープ（Phenakistoscope）
（左：Bradburn, 1996：右：Wade, 1998）
一連の図が描かれた円板（右図）を鏡に向けて回転させ、円板のスリットを通して鏡に映った図柄を観察する（左図）。鏡に映る像は単一対象の連続した運動として観察される。

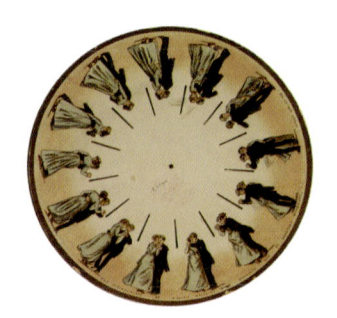

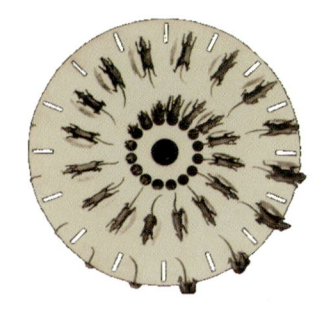

図 4.16　フェナキストスコープ図版例（19 世紀, Whttp://ja. wikipedia. org/ wiki/ フェナキストスコープより）

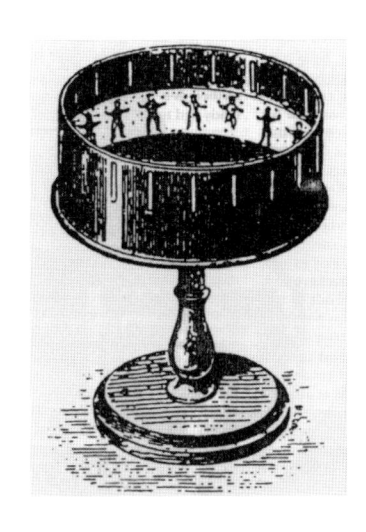

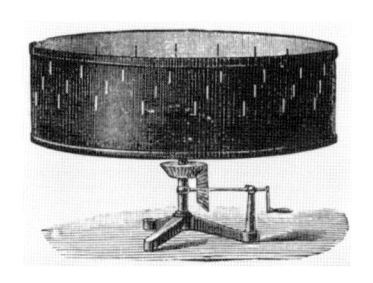

図4.17　ホーナーのゾートロープ (Zoetrope)(Behrens, 1998; Wade, 1998) 回転する円筒のスリットを通して内側の図を見ると、運動する像が観察される(左図)。上図に3連のスリットをもつゾートロープを示す。

(Korte's laws) が知られている (Koffka, 1935)。この法則は、継起的に呈示される2個の刺激図形 (S) 間に生じる仮現運動が最適状態を保つためには、(S) 一定ならば空間距離 (D) を増すときには時間間隔 (T) も増す必要がある。また (T) 一定ならば、(S) の明るさ（輝度）を増すときには (D) も増す必要があり、(D) 一定ならば (S) の明るさ（輝度）を増すときには (T) を減らす必要がある、と説明する。ただしこれらはすべて定性的に求められたものである（大山, 2000, p. 198）。一般に仮現運動の実験記述では、呈示される2個の刺激対象間の時間間隔を"ISI (inter-stimulus-interval)"とし、第1刺激対象の呈示時間とISIを加えた時間間隔（第1刺激呈示開始から第2刺激呈示開始までの時間間隔）を"SOA (stimulus-onset-asynchrony)"と定義している。

　大山他（Oyama et al., 1994）は仮現運動発生条件の下で色、形、大きさなど属性が異なる2個の対象 (A, B) を最初に呈示し、消失後互いに位置を交換してそれらを再呈示 (B', A') してみた。結果

から、両者の間に生じる仮現運動は必ずしも属性を等しくするもの同士の間（A ⇒ A', B ⇒ B'）で現れるものではなく、変化を相対的に少なくさせるように働く知覚の基本原理にしたがうものであることが確かめられた。ブラディック(Braddick, 1974)はランダム・ドット・パターン（通常白黒の点が不規則にならんだ模様を指す）の一部をずらした図と以前の図とを交互に示すと両者の間に仮現運動が生じるのを見出した。彼はこの運動が比較的短い距離（視角15分程度）で現われることから近傍運動（short-range motion）と名付け、これまでよく知られてきたβ運動を遠隔運動（long-range motion）とよんで区別した（Wertheimer, 1912; Kolers, 1972; Geldard, 1975; Kanizsa, 1979; Hayashi, 1990; Hikosaka et al., 1993; 大山, 2000）。

4.3 動くものの形

　視対象が動き始めると見え方が変わり、形状が変化することがある。このよう運動事態での形の変化（変容）の観察は、直線運動の場合と回転運動の場合とに分かれる。直線運動の場合は通常の追視条件に相当するが、回転運動の場合は追視する対象自体に相対運動が加わることでより複雑な変化となる。

4.3.1 形状の変化

　水平運動の横長図形を静止背景の下で凝視して観察すると、運動方向への短縮現象が認められる。この効果は正方形に近い図形では逆となり、輪郭図形では変形の程度は弱まる。円板に十字形の図を描いて回転し速度を速めていくと5本あるいはそれ以上の光芒のある星形として見えるようになる（増員現象）。さらに観察を続けるとギクシャクとした刻みのある運動が断続的に起こるようになり、場合によっては逆転運動が観察される。回転盤に同じ図形（四角など）を10個程度円形に配置し回転させながらそれらを細長い隙間を通して観察してみると、逆転現象が現れる（ブルドン（Bourdon）の錯視）。黒白の縞模様を描いた円板を回転したときは、速度が遅いとちらつき、速度を増すと全体はぼけるが帯状の模様が中央部に現れ、さらに速度を増す同心円の縞模様に変化する。30秒ほど凝視した後で白紙に目を移すと同心円布置の縞模様のパターンの残像が観察される（田中, 1942, 1943, 1944; 瀬谷, 1950; 高木・城戸, 1952; Wade, 1972, 1974）。

　白と黒だけで構成されている模様でありながら、回転によって色

づいて見える図形に「ベンハムのこま（Benham top）」といわれているものがある。もっともよく知られたものは**図 4.18** (a) で、この図を回転すると長短 4 種の円弧が 4 層の同心円を描くことになり、照明と回る速さの程度に応じてそれらにさまざまな色（主観色，subjective color）が現れる。回転方向を逆にするとこれらの色の出方もまた変わってくる。この種の図形については、これまでに数多くの人たちによってさまざまにデザインされている（**図 4.18** (b)〜(o)）。

　アンシュバッハー（Anschbacher, 1944）は、円周に沿って回転する円弧の回転中心を凝視して観察すると、円弧の見かけの長さが回転速度の増加とともに短縮するのを見いだした。極端な場合には点になってしまうと報告している。この短縮現象は図形の一部ではなく全体の圧縮によるもので、図形と背景の間の明度差、図形の色調、観察時の暗順応条件などが影響する。図形を波状曲線、三角形、斜線に置き換えると、この短縮現象は弱まるといわれている。

　正方形を囲む 4 辺のうち互いに接する 2 辺を同時に伸縮運動させてみると、「折れ曲がり」が観察される。この現象は先に述べた長さと方向の 2 元的変化から生じる奥行き運動（本章 4.2.3 節）と関係する。これら 2 辺の周期的な変化にわずかなずれ（位相差）を与えると、図形の折れ曲がりに柔軟性が加わり、ちょうど文具の下敷きや団扇を左右に振るときに見られるような「たわみ」の動きが生じる（**図 4.19**）（高木・城戸, 1952; Stanley, 1970; Jansson & Johansson, 1973; 山田・増田, 1991）。

4.3.2　回転運動視

　ゆっくりと回転する円板上に置かれた各点は、その位置によって速度が変わる。点の位置が回転の中心にあれば静止状態を保ち、中心から円板外周に向けて移動するときには途切れることなく速度は

図 4.18　ベンハムのこま（Robinson, 1972）

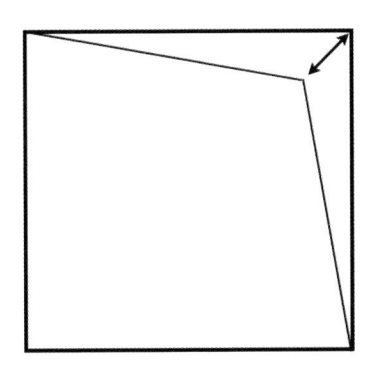

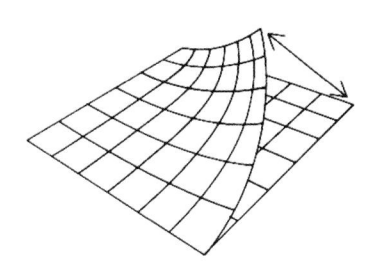

図 4.19　折れ曲がり現象（Jansson & Johansson, 1973）
四角形の互いに接する 2 辺の長さを同時に変えるときには奥行き方向への折れ曲がりが知覚され、両辺の連続した変化に位相差を加えると「たわみ」に似た現象が観察される。

連続して増加する。2個の点が回転の中心から等しい距離に置かれると、すなわち同じ円の円周上の離れた位置に置かれると、それらは同じ速さで絶えず互いに方向を変えながら回転する。これら2点を光点に置き換えて暗室内で観察してみると、両点の中心を中心とする回転運動とそれら全体が円板中心の周りを回転する運動の2重構造へと分岐して現れる［DVD 参考映像：08 ルビン運動を参照］。2点が回転の中心から異なる距離に置かれたときには、速さと方向が同時に変わる回転運動となる。これらを光点に置き換えて暗室内で観察すると、両点間に生じる速度差によって円運動に奥行きの広がりの印象が加わることになる。このような事象知覚は、移動する観察者に与えられる運動視差（motion parallax：遠近の距離関係から生じる視覚的対象間の速度のずれ）によって引き起こされる現象として考えられる［DVD 参考映像：12 運動視差］。

　走る列車の窓から見る外の風景は、運動視差に基づく視野全体の流れ（オプティカルフロー）として観察される。いまこの景色の流れを、遥か遠方の消失点(vanishing point)に回転の中心を置いてゆっくりと回転する巨大円板を斜め上から眺めている場面としてとらえてみよう。われわれがこの巨大円板上の対象物のいずれかを凝視するならば、凝視点より近くにある対象とそれより遠くにある対象は凝視点を挟んで互いに逆向きの方向に動いて見えることになる。また対象間の遠近の距離関係から引き起こされる速度差は、視対象に奥行き方向への広がりの印象をもたらす要因となる。このような動きの知覚は、先の暗室内で観察される2光点の奥行円運動の知覚と同じ原理に従うものである。すなわち、動く視覚対象の知覚は、すべての変化を等しく分配するように働く視覚の法則「最小変化への分配の原理」に従うのである（Metzger, 1953）。

　円板上に楕円を描いてゆっくりと回転させると、最初は伸縮するアメーバ状の動きを示すが、しばらく観察を続けると盤面から浮き上がり、斜めに傾く円板として見られるようになる。これを回転立体視効果（stereokinetic effect）と呼んでいる（図4.20）。円板に描

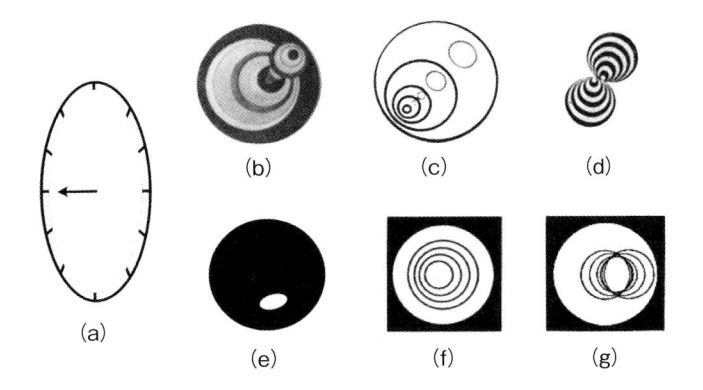

図 4.20 回転立体視（Metzger, 1953; 鷲見, 1979）
これらの図形を回転してみると、回転面から斜めに立つ円盤（a, e），
円錐形立体（b, c, d, f），円筒形立体（g）などが観察される。

かれた楕円形の歪んだ時計は、回転により円板上に斜めに置かれた円形時計として現れ、楕円円板と楕円リングを直交させたシルエット図を回転すると、固い卵を取り巻く白い帯の「土星錯視」と呼ばれる 3D 形状物の知覚を生じる（Musatti, 1924; Wallach et al., 1956; Wallach, 1976; Zanforlin, 1988; Proffitt et al., 1992; Vallortigara et al., 1986; Braunstein, 1976; 増田, 1994; Nakamizo & Kondo, 1995; Nozawa, 1995）[**DVD 参考映像：13 回転立体視の知覚**]。

4.3.3 運動輪郭線

メテリ（Metelli, 1940）は円の内部を円弧で区切って白黒に色分けし、この円弧を円周とするような円の中心を回転中心にして図形を回してみた（**図 4.21**）。回転するこの図形は、(1) 静止背景、(2) 回転円板の一部、(3) 円形窓枠の 3 層に分離し、あたかも丸い窓枠

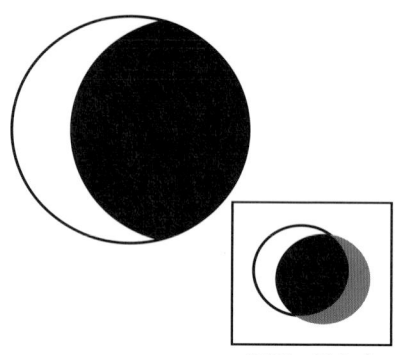

図 4.21 メテリ図形（Metelli, 1940; Sumi, 1989）
図形を回転すると丸窓を通して背後に回転する黒丸の一部が見え、回転の中心を黒領域の中心に移すと丸窓が黒丸の周囲を回転するように見える。（四角形内に図形の現れ方を示す）

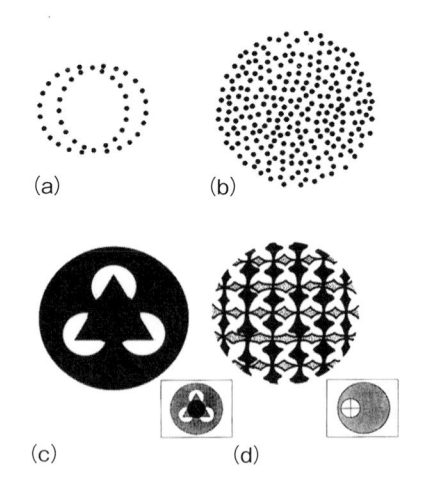

図 4.22a 運動輪郭線（1）（Sumi, 1989）
図（b）の回転は点群内に含まれる図（a）の輪郭を浮かび上がらせる。図（c）は回転により円輪郭を生じ中央に黒丸を作り出す。図（d）は回転で模様全体がぼけるが一部円輪郭によって閉じられた領域のみが明瞭に現れる。（四角内に図形の現れ方を示す）

を通して回転する円板の一部が現れているような感じをもつ。このメテリ図形現象は、運動を通じて各部分を統合し単一図形へとまとめあげる運動輪郭線（kinetic contour）の働きを示す良い例といえる。運動輪郭線から成り立つ図形の例を図 4.22a、b、c にみることができる（Sumi, 1989）[DVD 参考映像：13 回転立体視の知覚]。

4.3.4　スリット視

　前額平行面に開けられた細長いスリットを通してその背後を移動する図形を観察すると、図形は部分的にしか観察されないにもかかわらず、その図形全体の特徴を把握することができる。ただし図形の全体像はスリットを通過することにより歪んで見え（アノーソスコピック知覚, anorthoscopic perception, またはパークスの"らくだ"現象）、比較的速く通過するときには短縮化を生じ、ゆっくりと通過する時には逆に伸びて見えることがある（図 4.23、図 4.24）。回転する多角形を十字形の窓枠を通して見ると、大きさ・位置・形状に変化が見られ、回転する正方形では顕著な歳差運動が認められる（回転変動型錯視）。

　運動する対象の前に物を置いて部分的に遮るようにして観察してみると、遮られた部分が運動を通して補充され、領域間に見かけの連続が生じる。ローゼンバッハ（Rosenbach, 1902）は白い台紙の上に黒帯を取り付け台紙とこの黒帯の間に短冊型の色紙を差し込んで動かしてみたところ、黒帯で遮蔽され実際には見えない図形部分が補完されて透明視現象を引き起こすのを観察した（ローゼンバッハ現象）。縦縞模様の中間部分を不透明な帯で隠し縞模様をゆっくり動かしてみると同様な現象が認められ、帯の部分に縦縞の補完現象が現れる（phantom gratings）（Parks, 1965, 1970; Anstis & Atkinson, 1967；藤田, 1991; Zöllner, 1862；出澤他, 1995；小堀・出澤, 2003；野口, 1977; Tynan & Sekuler, 1975; Gyoba, 1983）。

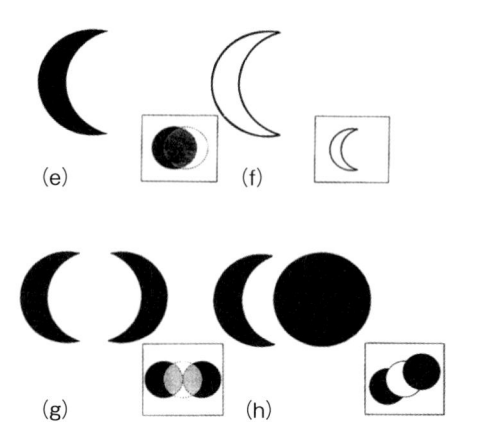

図 4.22b 運動輪郭線（2）
(Sumi, 1989)
図 (e) の回転は内側円弧が作る白円と外側円弧が作る黒円との重なりとなって現れる。この現象は強固な輪郭で閉じられた図 (f) では認められ難い。図 (g) の回転は黒円2個とそれらの前面に置かれた1個の白円との重なりを生じる。図 (h) は回転により2個の黒球と1個の白球のつながりとして現れる。（四角内に図形の現れ方を示す）

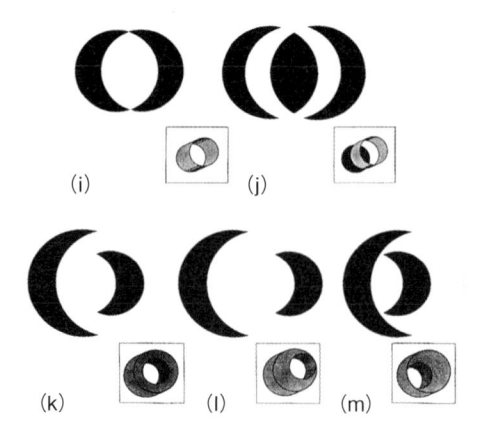

図 4.22c 運動輪郭線（3）
(Sumi, 1989)
これらの図形を回転させるとそれぞれ奥行きをもつ立体物として観察される。すなわち図 (i) と図 (j) は円筒形として、図 (k) は白色の輪と円筒、図 (l) と図 (m) は円錐形の凹凸をもつ円筒として現れる。（四角内に図形の現れ方を示す）

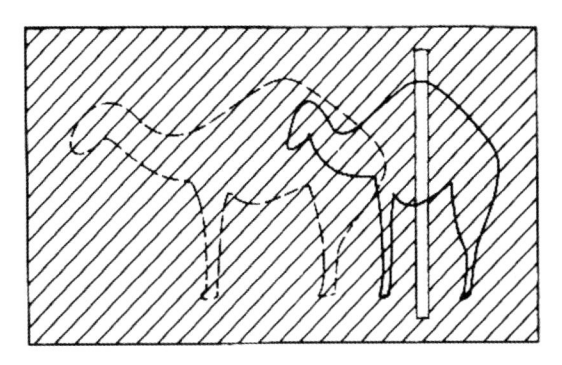

図 4.23 パークス (Parks) 効果 (Schiffman, 1996)
スリットを通して背後を通過する図形を観察すると特徴的な歪みが生じる。

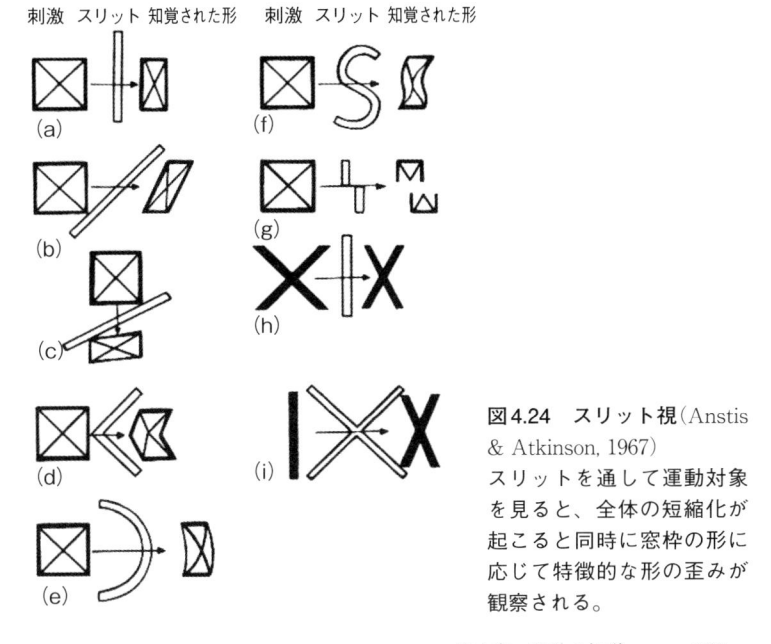

図 4.24 スリット視 (Anstis & Atkinson, 1967)
スリットを通して運動対象を見ると、全体の短縮化が起こると同時に窓枠の形に応じて特徴的な形の歪みが観察される。

第 4 章 運動の知覚

【参考図書】

リチャード・L・グレゴリー／近藤倫明・中溝幸夫・三浦佳世（訳）(2001)『脳と視覚——グレゴリーの視覚心理学』ブレーン出版
　著者が英国ケンブリッジ大学で行った講義と実習に基づいて書き上げた視覚心理学の入門書で、他書でも引用されることの多い広く知られた書物である。

吉村浩一（2006）『運動現象のタキソノミー——心理学は動きをどう捉えて来たか』ナカニシヤ出版
　"動き"の視覚現象を体系的にとらえてその理論的的基礎を解説した運動の視知覚に関する専門書で、運動知覚についての多くの知見を得ることができる。

和田陽平・大山正・今井省吾（編）(1969)『感覚・知覚心理学ハンドブック』(第5/24章 運動の知覚) 誠信書房

大山正・今井省吾・和気典二（編）(1994)『新編感覚・知覚心理学ハンドブック』(第Ⅱ部：視覚/10章 形の知覚, 視覚/15章 運動知覚) 誠信書房
　これらは知覚研究全般について、各分野の専門家が分担執筆した新旧2冊の案内書で、運動の知覚に関係する諸研究の詳細を知ることができる。

鷲見成正（1981）『新版心理学事典』(「運動の知覚」の項) 平凡社

大山　正（2000）『視覚心理学への招待』(「運動の知覚」の章) サイエンス社
　それぞれが書物内の一項目で、運動知覚研究の主要な研究テーマが簡潔に紹介されている。

鷲見成正（2013）「わが国の運動視研究——1930-40年代を中心に行なわれた主な実験と使われた自作機器について」『心理学史・心理学論』Vol. 14/15, 31-45.
　20世紀初頭ヨーロッパに興ったゲシュタルト心理学の影響を強く受けた日本の運動視研究を紹介した論文で、わが国運動視研究の歴史的背景を知ることで学問的理解を深めることができる。

【引用文献】

Adams H. F. (1912) Autokintic sensations. *Psychological Monographs, 14*, 1-45.

Aiba, S. (1977) Perceived velocity of radial motion in stroboscopic illumination. *Psychologia, 13*, 180-189.

相場　覚(1991)「連続光と断続光下の接近運動知覚」『心理学評論』*34*, 296-315.

Ames, A. (1951) Visual perception and the rotating trapezoidal window. *Psychological Monographs, 65*, No.7.

Anschbacher, H. L. (1944) Distortion in the perception of real movement.

Journal of Experimental Psychology, 34, 1-23.

Anstis, S. M. & Atkinson, J. (1967) Distortion in moving figures viewed through a stationary slit. *American Journal of Psychology, 80*, 572-585.

蘆田 宏 (1994)「2種類の運動残効と運動視機構」『心理学評論』*37*, 141-163.

Behrens, R. R. (1998) Art, design and Gestalt theory. *Leonardo, 31*, 299-303.

Blake, R. (1993) Cats perceive biological motion. *Psychological Science: Research Report, 4*, 54-57.

Boring, E. G. (1942) *Sensation and perception in the history of experimental psychology*. New York: Appleton-Century-Crofts.

Bradburn, J. (1996) *The Magic Wheel*. Optical Toys.

Braddick, O. (1974) A short-range process in apparent motion. *Vision Research, 14*, 519-527.

Braunstein, M. L. (1976) *Depth perception through motion*. Academic Press.

Brown, J. F. (1931) The visual perception of velocity. *Psychologische Forschung, 14*, 199-232; 249-268.

Brown, J. F. & Voth, A. C. (1937) The path of seen movement as a function of the vector field. *American Journal of Psychology, 49*, 543-563.

Bruce, V., Green, P. R., & Georgeson, M. A. (1996) *Visual perception: Physiology, psychology, and ecology*. Psychology Press.

Carraher, R. G. & Thurston, J. B. (1968) *Optical illusions and the visual arts*. Reinhold Book Co., 126-127.(大智 浩(訳)(1968)『錯視と視覚美術』美術出版社)

Charpentier, A. (1886) Sur une illusion visuelle. *Academie des Sciences Paris, Comptes Rendus, 102*, 1115-1157.

Croft, T. A. (1971) Failure of visual estimation of motion under strobe. *Nature, 231*, 397.

Dichgans, J., Wist, E., Diener, H. C., & Brandt, T. H. (1975) The Aubert-Fleischl phenomenon: A temporal frequency effect of perceived velocity in afferent motion perception. *Brain Research, 23*, 529-533.

Duncker, K. (1929) Über induzierte Bewegung. *Psychologische Forschung, 12*, 180-259.

江島義道・大谷芳夫 (1991)「ロングレンジ仮現運動における刺激依存性と過渡型、持続型チャンネルの寄与」『心理学評論』*34*, 152-166.

Festinger, L. & Easton, A. M. (1974) Influences about the efferent system based on a perceptual illusions produced by eye movements. *Psychological Review, 81*, 44-58.

Filehne, W. (1922) Über das optische Wahrnehmen von Bewegungen. *Zeitschrift für Sinnesphysiologie, 53*, 134-144.

藤井悦雄 (1943)「光点の運動による図形の形成について」『心理学研究』18, 196-232.

藤田尚文 (1991)「3次元物体、非剛体のスリット視——網膜描画説、計算理論批判および見えない部分の「知覚」」『心理学評論』34, 61-82.

Geldard, F. A. (1975) *Sensory saltation: Metastability in the perceptual world.* Hillsdale N. J.: Erlbaum.

Goldstein, E. B. (1999) *Sensation and perception.* Thomson Publishing Co.

Gregory, R. L. (1998) *Eye and brain.* Oxford Univ. Press.(近藤倫明・中溝幸夫・三浦佳世(訳)(2001)『脳と視覚——グレゴリーの視覚心理学』ブレーン出版)

Gregory, R. L. & Zangwill, O. L. (1963) The origin of the autokinetic effect. *Quarterly Journal of Experimental Psychology, 15*, 252-261.

Gyoba, J. (1983) Stationary phantoms: A completion effect without motion and flicker. *Vision Reseach, 23*, 205-211.

Hall, K. R. L., Earle, A. E., & Crookes, T. G. (1952) A pendulum phenomenon in the visual perception of apparent movement. *Quarterly Journal of experimental Psychology, 4*, 109-120.

Hayashi, K. (1990) The new apparent movement — v-movement. *Gestalt Theory, 12*, 3-32.

Heider, F. & Simmel, M. (1944) An experimental study of apparent behavior. *American Journal of Psychology, 57*, 243-259.

Hikosaka, O., Miyauchi, S., & Shimojo, S.(1993)Focal visual attention produces illusory temporal order and motion sensation. *Vision Research, 33*, 1219-1240.

Holland, H. C. (1965) *The spiral after-effect.* Oxford: Pergamon.

Holst, E. von & Mittelstaedt, H. (1950) Das Reafferenzprinzip. *Naturwissenschaften, 37*, 464-476.

本田仁視(1991)「視覚的位置の恒常性と眼球位置情報」『心理学評論』34, 17-36.

本田仁視 (1994)「眼球運動と知覚現象」大山他 (編)『新編感覚知覚ハンドブック』、誠信書房, pp. 866-871.

出澤正徳・中座　淳・沖　英和・阪口　豊 (1995)「動的錯視現象と新しい型の

錯視効果」『信学技法』IE95-26, 15-22.
池田　進・鈴木公洋・倉田純一 (2002)「へなへなエンピツ——視的撓い発生についての考察」『関西大学社会学部紀要』*33*, 273-305.
Ishiguchi, A. (1988) Interpolated elastic structure from the motion of dots. *Perception and Psychophysics, 43*, 457-464.
石口　彰 (1991)「運動による構造復元の諸問題」『心理学評論』*34*, 37-57.
伊藤裕之 (1996)『奥行運動による3次元構造の知覚』九州大学出版会
伊藤裕之・松永勝也 (1991)「拡大・縮小パタンにおける外界知覚と自己運動の役割」『心理学評論』*34*, 5-16.
Jansson, G. & Johansson, G. (1973) Visual perception of bending motion. *Perception, 2*, 321-326.
Johansson, G. (1950) *Configurations in event perception.* Uppsala: Almqvist & Wiksell.
Johansson, G. (1973) Visual perception of biological motion and a model for its analysis. *Perception and Psychophysics, 14*, 201-211.
上山友二 (1941)「運動軌道の現象的特性——軌道の連りについて」『心理学研究』*16*, 1-25.
Kanizsa, G. (1979) *Organization in vision: Essays on Gestalt perception.* New York: Praeger.
Kanizsa, G., Kruse P., Luccio, R., & Stadler, M. (1994) Conditions of visibility of actual paths. *Japanese Journal of Psychology, 36*, 113-120.
Kano, C. & Hayashi, K. (1984) The apparent paths of two or three circularly moving spots. *Psychological Research, 45*, 395-407.
Katz, D. (1950) *Gestalt Psychology.* (Translated by R. Tyson: Reprinted in 1979), Greenwood Press.
Kersten, D., Mamassian, P., & Knill, D. C. (1997) Moving cast shadows induce apparent motion in depth. *Perception, 26*, 171-192.
北川智利 (2000)「視覚的な奥行き運動とラウドネス変化残効の順応耳選択性」日本音響学会聴覚研究会資料, H-2000-10, 1-10.
Kitagawa, N. & Ichihara, S. (2002) Hearing visual motion in depth. *Nature, 416*, 172-174.
小堀陽平・出澤正徳 (2003)「回転変動型錯視における錯視量の計測」『Sensing and Perception』電気通信大学大学院, *10*, 9-14.

Koffka, K., (1935) *Principles of gestalt psychology*. Routledge & Kegan Paul, pp. 291-296.

Koga, K., Groner, M. T., Bischof, W. F., & Groner, R. (1998) Motion trajectory illusion and eye movements. *Swiss Journal of Psychology, 57*, 5-17.

Kolers, P. A. (1972) *Aspects of motion perception*. Pergamon Press.

小松英海（2000）「トンネル効果についての一研究――後ろを通るか前に出現するか」『慶應義塾大学日吉紀要自然科学』*27*, 1-18.

Lee, D. N. (1980) The optic flow field: The foundation of vision. *Transactions of the Royal Society, 290B*, 169-179.

Lee, D. N. & Aronson, E. (1974) Visual proprioceptive control of standing in human infants. *Perception and Psychophysics, 15*, 529-532.

Levy, J. (1972) Autokinetic illusion: A systematic review of theories, measures and independent variables. *Psychological Review, 78*, 457-474.

Lishman, J. R. & Lee, D. N. (1973) The autonomy of visual kinaesthesis. *Perception, 2*, 287-294.

MacKay, S. M. (1958) Perceptual stability of stroboscopically lit visual field containing self-luminous objects. *Nature, 181*, 506-507.

正木　正（1941）「運動残像についての観察――運動残像の実験的研究四」『心理学研究』*16*, 40-44.

増田直衛（1994）「形の知覚」大山　正他（編）『新編感覚・知覚心理学ハンドブック』誠信書房, pp. 634-642.

増田知尋・和田有史・野口薫（2002）「ランダムドット拡散パターンの知覚――接近か、拡大か」HCS2001-38, 101, 610, 43-48.

Masuda, T., Wada, Y., Kitagawa, N., & Noguchi, K. (2002) Perception of dot spreading pattern: Whether auditory loudness change affected impression of looming or expansion. *Proceedings of 17th Congress of IAEA*. 371-374.

Mather, G., Verstraten, F., & Anstis, S. (1998) *The motion aftereffect: A modern perspective*. The MIT Press.

Metelli, F. (1940) Ricerche sperimentali sulla percezione del movimento. *Revista di Psychologia, 36*, 319-370.

Metzger, W. (1953) *Gesetze des Sehens*. 2nd ed., Frankfurt: Kramer. （盛永四郎（訳）（1968）『視覚の法則』岩波書店）

Michotte, A. (1963) *The perception of causality* (Trs. by T. R. Miles & E.

Miles), London; Methuen.
Michotte, A., Thiès, G., & Grabbé, G. (1964) Amodal completion of perceptual structures. In G. Thines, A. Costall, & G. Butterworth (Eds.), (1991) *Michotte's experimental phenomenology of perception*. LEA, 140-167.
Mori, K. (1995) The influence of action lines on pictorial movement perception in pre-school children. *Japanese Psychological Research, 37*, 183-187.
Mori, T. (1981) Reduction of the Pogendorff effect by the motion of oblique lines. *Perception and Psychophysics, 29*, 15-20.
Musatti, C. L. (1924) Sui fenomeni stereocinetici. [Trs. by H. R. Flock & C. Bartori], *Archivio Italiano di Psicologia, 3*, 105-120.
Musatti, C. L. (1975) Stereokinetic phenomena and their interpretation. In G. B. F. D, Arcais (Ed.), *Studies in perception*. Martello-Giunti, 166-189.
中島義明・平田忠・森晃徳 (1994)「運動知覚」大山正・今井省吾・和気典二 (編)『新編 感覚・知覚心理学ハンドブック』誠信書房, pp. 802-844.
Nakamizo, S. & Kondo, M. (1995) Depth perception of stereokinetic cone and absolute distance information. *Japanese Psychological Research, 37*, 139-145.
中村 浩 (1991)「2物体の衝突事象知覚研究における力学的枠組の有効性」『心理学評論』*34*, 213-235.
中村 浩 (2003a)「単一物体運動知覚に寄与する運動情報の因子分析的研究」『アニメーション研究』*4*, 7-18.
中村 浩 (2003b)「部分的に提示された歩行バイオロジカル・モーション知覚に寄与する運動情報の研究」『北星学園大学短期大学部北星論集』*1*(39), 37-46.
中村 浩 (2007)「ポイント・ライト・ウオーカーによる歩行環境の知覚」『北星学園短期大学部北星論集』*5*(43), 35-42.
中村 浩 (2010)「釘にはね返りながら斜面を転がる球体の動きに対する生物性印象——球体のはね返り係数と重さの効果について」『アニメーション研究』*11*, 33-41.
Nihei, Y. (1973) A preliminary study on the geometrical illusion of motion path: The kinetic illusion. *Tohoku Psychologia Folia, 32*, 108-114.
Nihei, Y. (1975) The effect of direction of motion on the magnitude of the geometrical illusion of motion path: The kinetic illusion II. *Tohoku Psychologia Folia, 34*, 88-94.
野口 薫 (1977)「無から有へ」藤田 統・森 孝行・磯貝芳郎 (編著)『心の実験室2』福村出版, pp. 126-148.

Nozawa, S. (1995) Formation of illusory 3-D surface by eccentric rotation of dot pattern. *Japanese Psychological Research, 37*, 178-182.

小川　隆（1938）「運動軌道の現象的変容」『心理学研究』*13*, 307-334.

大塚　弘（1939）「現象的同一の考察」『心理学研究』*14*, 157-181.

Oyama, T. (1970) The visually perceived velocity as a function of aperture size, stripe size, luminance, and motion direction. *Japanese Psychological Research, 12*, 163-171.

大山　正（2000）『視覚心理学への招待——見えの世界へのアプローチ』サイエンス社

大山　正（2007）「色・形・運動と感性」野口薫（編）『美と感性——ゲシュタルト知覚の新しい地平』日本大学文理学部（富山房インターナショナル），pp. 667-679.

Oyama, T., Naito, K., & Naito, H. (1994) Long-range apparent motion as a result of perceptual organization. *Perception, 26*, 541-551.

大山　正・野村康治・吉田宏之（1999）「点運動映像が与える感情効果」日本基礎心理学会第18回大会

Oyama, T. & Tsuzaki, M. (1989) A mathematical models of the perceived paths of moving lights in frameless space. *Psychological Research*, Nihon University, *10*, 40-45.

大山　正・今井省吾・和気典二（編）（1994）『新編感覚・知覚心理学ハンドブック』誠信書房

大山　正・野村康治・吉田宏之（2000）「点運動映像が与える感情効果（3）連続跳躍運動による因果知覚」『日本心理学会第64回大会論文集』426.

Parks, T. E. (1965) Post-retinal visual storage. *American Journal of Psychology, 78*, 145-147.

Parks, T. E. (1970) A control for ocular tracking in the demonstration of post-retinal visual storage. *American Journal of Psychology, 83*, 442-444.

Pollick, F. E., Kay, J. W., Heim, K., & Stringer, R. (2005) Gender recognition from point-light walkers. *Journal of Experimental Psychology: HPP, 31*, 1247-1265.

Pomerantz, J. R. (1983) The rubber pencil illusion. *Perception and Psychophysics, 33*, 365-368.

Proffitt, D. R. & Cutting, J. E. (1979) Perception of wheel-generated motions. *Journal of Experimental Psychology: HPP, 5*, 289-302.

Proffitt, D. R., Rock, I., Hecht, H., & Schubert, J. (1992) Stereokinetic effect and its relation to the kinetic depth effect. *Journal of Experimental Psychology: HPP, 18,* 3-21.

Pulfrich, C. J.（1922）*Die Stereoscopie im Dienste der isochromen und heterochromen Photometrie.* Die Naturwissenschaften.

Robinson, J. O.(1972)*The psychology of visual illusion.* Hutchinson Univ. Library.

Rosenbach, O.（1902）Zur Lehre von den Urteilstäuschungen. *Zeitschrift für Psychologie, 29,* 434-448.

Rubin, E.（1927）Visuelle wahrgenommenen wirklische Bewegungen. *Zeitschrift für Psychologie, 103,* 384-392.

Runeson, S.（1974）Constant velocity: Not perceived as such. *Psychologische Forschung, 37,* 3-23.

佐藤隆夫（1991）「仮現運動と運動知覚のメカニズム」『心理学評論』*34,* 259-278.

Schiffman, H. R.（1996）*Sensation and perception.* John Wiley & Sons, Inc.

Sekuler, R. & Levinson, J.（1986）The perception of moving target. In *Readings from Scientific American,* W. H. Freeman & Co. pp. 60-68.

瀬谷正敏（1950）「実際運動における軌道の見えの長さについて」『心理学研究』*21,* 1-13.

重野　純（2003）『音の世界の心理学』ナカニシヤ出版, pp. 167-169.

Stanley, G.（1970）Static visual noise and the Anschbacher effect. *Quarterly Journal of Experimental Psychology, 22,* 43-48.

鷲見成正（1962）「2光点の運動軌道」『心理学研究』*33,* 31-36.

Sumi, S.（1966）Path of seen motion and motion aftereffect. *Perceptual Motor Skills, 23,* 1003-1008.

鷲見成正（1969）「実際運動」和田陽平・大山　正・今井省吾（編）『感覚・知覚心理学ハンドブック』誠信書房, pp. 637-648.

鷲見成正（1970）八木冕（監修),大山正（編）『講座心理学4』東京大学出版会, pp. 213-240.

鷲見成正（1979）「運動の知覚」田崎京二・大山　正・樋渡涓二（編）『視覚情報処理――生理学・心理学・生体工学』朝倉書店, pp. 296-343.

鷲見成正（1989）「運動の視知覚とストロボ照明効果」『慶應義塾大学日吉紀要自然科学』*6,* 58-67.

Sumi, S.（1989）Kinetic contours in rotating objects. *Perception, 18,* 293-302.

鷲見成正(1991)「変化する刺激の知覚的分岐と事物の恒常」『心理学評論』*34,* 171-189.

Sumi, S. (1995) Bounce effect seen in opposite motions. *Japanese Psychological Research, 37*, 195-200.

Sumi S. (2000) Perception of point-light walker produced by eight-lights attached to the back of the walker. *Swiss Journal of Psychology, 59*, 126-132.

Sumi, S. (2002) Causal impressions appearing at the presentation of two disks rotating in opposite directions. *Proceedings of 17th Congress of IAEA*, 113-116.

Sumi, S. (2005) Gait perception of part-reverse biological motion pattern produced by eight point-lights attached to the back of walker. *Japanese Psychological Research, 47*, 156-162.

Sumi, S. (2007) Inverted pattern of point-light walker and the gait perception. In S. Cummins-Sebree & M. A. K. Shockley (Eds.), *Studies in Perception and Action IX*, LEA, 201-204.

鷲見成正 (2010)「回転立体視現象」日本基礎心理学会第 26 回大会発表

Swanston, M. T. (1984) Displacement of the path of perceived movement by intersection with static contours. *Perception and Psychophysics, 36*, 324-328.

高木貞二・城戸幡太郎(監修)(1952)『実験心理学提要第2巻』岩波書店, pp. 191-226.

Takahashi, N. (2000) Temporal and spatial factors in motion integration. *Swiss Journal of Psychology, 59*, 115-125.

田中良久 (1942)「運動する図形の知覚 (1)」『心理学研究』*17*, 333-352.

田中良久 (1943)「運動する図形の知覚 (2)」『心理学研究』*18*, 441-458.

田中良久 (1944)「運動する図形の知覚 (3)」『心理学研究』*19*, 1-11.

Tozawa, J. & Oyama, T. (2006) Effects of motion parallax and perspective cues on perceived size and distance. *Perception, 39*, 1007-1023.

Tynan, P. & Sekuler, R. (1975) Moving visual phantoms: A new contour completion effect. *Science, 188*, 951-952.

Vallortigara, G., Bresson, P., & Zanforlin, M. (1986) The Saturn illusion: A new stereokinetic effect. *Perception and Psychophysics, 26*, 811-813.

Wade, N. J. (1972) Circular 'after-images' following observation of rotating linear patters. *Perception, 1*, 237-238.

Wade, N. J. (1974) Some perceptual effects generated by rotating gratings. *Perception, 3*, 169-184.

Wade, N. J. (1994) A selective history of the study of visual motion aftereffects. *Perception, 23*, 1111-1134.

Wade, N. J. (1998) *A natural history of vision*. The MIT Press.
和気洋美・和気典二・市川宏 (1982)「ニュー・プルフリッヒ現象」『日本眼光学学会誌』*3*, 62-67.
Wallach, H. (1935) Über visuell wahrgenommene Bewegunngsrichtung. *Psychologische Forschung, 20*, 325-380.
Wallach, H. (1959) The perception of motion. *Scientific American, 201*, 56-60.
Wallach, H. (1976) *Hans Wallach on perception*. Quadrangle/The New York Times Book Co., p.225.
Wallach, H. & O'Connell, D. N. (1953) The kinetic depth effect. *Journal of Experimental Psychology, 45*, 205-217.
Wallach, H., Weisz, A., & Adams, P. A. (1956) Circles and derived figures in rotation. *American Journal of Psychology, 69*, 48-59.
Watanabe, T. & Miyauchi, S. (1998) Roles of attention and form in visual motion processing: Psychophysical and brain-imaging studies. In T. Watanabe (Ed.). *High-level motion processing: Computational, neurobiological, and psychophisical perspectives*. The MIT Press, pp. 95-113.
Wertheimer, M. (1912) Experimentelle Studien über das Sehen von Bewegung. *Zeitschrift für Psychologie, 61*, 161-265.
Wohlgemuth, A. (1911) On the after-effect of seen movement. *British Journal of Psychology: Supplement, 1*, 1-117.
山田 亘・増田直衛 (1991)「運動視における現象観察的方法試論」『心理学評論』*34*, 475-496.
吉田宏之・大山 正・野口薫・野村康治 (2001)「点運動映像が与える感情効果」『アニメーション研究』*3*, 41-48.
吉村浩一 (2006)『運動現象のタキソノミー――心理学は動きをどう捉えてきたか』ナカニシヤ出版
吉村浩一 (2009)「直交3軸のうち1軸反転が生み出す形・動き知覚の歪み――不可能図形と影絵の回転による検討」『アニメーション研究』*10*, 27-36.
Zanforlin, M. (1988) The height of a stereokinetic cone: A quantitative determination of a 3-D effect from 2-D moving patterns without a "rigidity assumption". *Psychological Research, 50*, 162-172.
Zöllner, F. (1862) Über eine neue art anorthoskopischer Zerrbilder. *Annalen der Physik und Chemie, 117*, 477-484.

人名索引

Adams, H. F. 98
相場　覚　114
Alberti, L. R.（アルベルティ）72
Ames, A.（エイムズ）88
Anshbacher, H. L.（アンシュバッハー）120
Anstis, S. M. 125, 126
Aronson, E. 103
蘆田　宏　100
Atkinson, J. 125, 126

Blake, R. 113
Bond, M. E. 7, 9
Boring, E. G. 48, 78, 85, 98, 106
Bradburn, J. 116
Braddick, O.（ブラディック）118
Braunstein, M. L. 107
Brown, J. F.（ブラウン）101, 104, 105

Carraher, R. G. 99, 100
Cézanne, P.（セザンヌ）84, 87
Charpentier, A. 97, 98
Chijiiwa, H.（千々岩英彰）21
Cooper, L.（クーパー）44
Croft, T. A. 114

Dichgans, J. 101
Duncker, K. 102

Easton, A. M. 101
江島義道　117
Escher, M. C.（エッシャー）44, 92

Festinger, L. 101
Filehne, W.（フィレーネ）101
藤井悦雄　101
藤田尚文　125
福田邦夫　10, 28, 30
福田繁雄　44, 46, 47

Geldard, F. A. 117, 118
Gibson, J. J.（ギブソン）73, 78, 79, 85
Goethe, W.（ゲーテ）1, 6, 28, 29
Goldstein, E. B. 103, 108
後藤倬男　91
Gottschaldt, K.（ゴットシャルト）57, 58
Gregory, R. L.（グレゴリー）93, 96-98
Gyoba, J.（行場次郎）125

芳賀　純　21, 24, 25, 61
Hall, K. R. L. 117
浜田　誠　23
Hayashi, K.（林　鋕蔵）109, 118
Heider, F.（ハイダー）110, 111
Helmholz, H.（ヘルムホルツ）1, 4, 5
Hering, E.（ヘリング）4, 5, 7

Hikosaka, O.（彦坂興秀） 118
Holland, H. C. 100
本田仁視 97, 101

Ichihara, S.（市原　茂） 112
出澤正徳 125
池田　進 107
石口　彰 107, 113
伊藤裕之 107
伊藤（宮田）久美子 22, 23, 25, 26, 30, 31, 33, 35
Ittelson, W. H. 83
岩澤秀紀 19, 21

Jansson, G. 120, 121
Johansson, G.（ヨハンソン） 108, 112, 113, 120, 121

上山友二 101
Kandinsky, W.（カンディンスキー） 1, 12, 13, 17
Kanizsa, G.（カニッツァ） 42, 109, 110, 118
Kano, C.（狩野千鶴） 109
神作　博 18
Katz, D.（カッツ） 109
Kersten, D. 106
城戸幡太郎 119, 120
Kilpatrick, F. P. 83
北川智利 112
北岡明佳 52, 53
小堀陽平 125
Koffka, K. 117
Koga, K.（古賀一男） 101
Köhler, W.（ケーラー） 61

Kolers, P. A. 118
小松英海 112
Kondo, M.（近藤倫明） 123
黒田正巳 72, 77

Lee, D. N. 103, 104, 108
Leonardo da Vinci（レオナルド・ダ・ヴィンチ） 68, 69
Levinson, J. 100
Levy, J. 98
Lishman, J. R. 104

MacKay, S. M. 114
正木　正 98
増田直衛 76, 77, 90, 120, 123
増田知尋 107
Mather, G. 98, 100
松永勝也 107
Metelli, F.（メテリ） 123, 124
Metzger, W. 54, 103, 105, 122, 123
Michotte, A.（ミショット） 109, 112
Miyauchi, S.（宮内　哲） 104
Moon, P.（ムーン） 29, 30
Mori, K.（森　和彦） 107
森　伸雄 32
Mori, T.（森　晃徳） 101
盛永四郎 50, 51, 54
Müller, J.（ミューラー） 4
Munsell, A. H.（マンセル） 6
Musatti, C. L.（ムサッティ） 104, 123

中島義明 95
Nakamizo, S.（中溝幸夫） 123
中村　浩 109, 113
Nanri, R.（南里禮子） 14, 17

納谷嘉信　30, 32
Newton, I.（ニュートン）　1, 2, 3, 6, 28, 29
Nickerson, D.　7, 9
Nihei, Y.（仁平義明）　101
野口　薫　76, 77, 90, 125
Nozawa, S.（野澤　晨）　123

小保内虎夫　50
O'Connell, D. N.　107
小笠原慈瑛　50
小川　隆　101
Osgood, C. E.（オズグッド）　19, 20
Ostwald, W.（オストワルト）　8, 28, 29
大谷芳夫　117
大塚　弘　110
Oyama, T.（大山　正）　4, 5, 8, 10, 11, 13-15, 17-19, 21-25, 27, 29, 31, 33, 35, 41, 42, 44, 47, 50, 51, 54, 60-63, 74, 76, 78, 79, 82, 85, 88, 89, 96, 104, 109, 110, 111, 113, 114, 117

Parks, T. E.　125
Plateau, J.（プラトー）　115, 116
Pollick, F. E.　113
Pomerantz, J. R.　107
Proffitt, D. R.　109, 123
Pulfrich, C. J.　106

Robinson, J. O.　50, 99, 121
Rosenbach, O.（ローゼンバッハ）　125
Rubin, E.（ルビン）　40, 41, 108
Runeson, S.　101

佐藤隆夫　117
Schiffman, H. R.　105, 127
Sekuler, R.　100, 125
瀬谷正敏　119
Shepard, R. N.　44
Simizu, M.（清水正子）　60
Simmel, M.（ジンメル）　110, 111
Soma, I.（相馬一郎）　21
Spencer, D. E.（スペンサー）　29, 30
Stanley, G.　120
Sumi, S.（鷲見成正）　96, 101, 107, 109, 113, 114, 123-126
Swanston, M. T.　101

高木貞二　119, 120
Takahashi, N.（高橋伸子）　104
瀧本　誓　19, 21
田中平八　91
田中靖政　21, 24, 25
田中良久　119
Thurston, J. B.　99, 100
Tomiie, T.（富家　直）　21
冨田恒男　4
Tozawa, J.（戸澤純子）　60, 88, 89
Tynan, P.　125

歌川広重　84, 86
Utrillo, M.（ユトリロ）　88, 89

Voth, A. C.　101

Wade, N. J.　100, 106, 116, 119
和気洋美　106
Wallach, H.　102, 107, 123

Watanabe, T.（渡辺武郎） 104
Wertheimer, M.（ウェルトハイマー）
　54, 55, 57, 58, 115, 118
Wittreich, W. J. 90
Wohlgemuth, A. 100

山田　亘　120
山村哲雄　14-16

吉田宏之　113
吉村浩一　95, 106, 107
Young, T.（ヤング） 4

Zanforlin, M. 123
Zangwill, O. L. 98
Zöllner, F. 48-50, 101, 125

事項索引

▶数字・アルファベット
2色配色　31
3D映画　67
β運動（驚盤運動）　115
MAE（運動残効）　98
Op-art　106
SD法（セマンティック・ディファレンシャル法，Semantic Differential）　18, 20

▶ア　行
アウベルト・ファライシュル（Aubert-Fleischl）の逆説　100
明るさの対比（brightness contrast）　10, 11
明るさの同化（brightness assimilation）　12, 13
アニメーション　68, 78
アノーソスコピック知覚（anorthoscopic perception）　125
飴ん棒錯視（barber pole illusion）　104

市松模様錯視　52
移調可能性　44
色（color）：
　——と活動性（activity）　21
　——と軽明性（lightness）　25
　——の象徴性（symbolism）　25
　——のスペクトル　2, 28

　——の対比（contrast）　10
　——の調和（harmony）　28
　——の同化（assimilation）　12, 13
　——の誘目性　18
色立体（color solid）　6
陰影（light and shade）　80
因果性の知覚　99
インクブロット　47
因子分析法（factor analysis）　19

渦巻き残効（spiral aftereffect）　99, 100
運動残効（motion aftereffect, movement aftereffect; MAE）　98
運動残像（motion afterimage）　98
運動視（motion perception）　95
運動視差（motion parallax）　67, 72, 78, 79, 89, 122
運動による因果性表現　111
運動輪郭線（kinetic contour）　124-126

映画（キネマ）　68, 117
エイムズの窓（Ames' window）　104, 105
エイムズの歪んだ部屋（Ames' distorted room）　88, 90
エッシャーのだまし絵　92, 93
エビングハウス錯視（Ebbinghaus illusion）　48-50

遠隔運動（long-range motion） 118
遠近感　74
遠近の錯視　88
遠近反転図形　88, 90
遠近法（perspective）　74

大きさの恒常性（size constancy）
　　80, 84, 85, 89
奥行き運動（depth perception）　106,
　　120
オストワルトの色円（Ostwald color
　　circle）　8, 9
オッペル・クント錯視（Oppel-Kundt
　　illusion）　49
オプティカルフロー（optical flow）
　　78, 107, 108, 122

▶カ　行
回転運動視　120
回転変動型錯視　125
回転立体視　123, 125
　　──効果（stereokinetic effect）
　　122
仮現運動（apparent motion）　115
過去経験の要因（factor of past
　　experience）　56, 57
重なり合い（overlapping）　80, 83
形の恒常性（shape constancy）　88
形の象徴性　61, 62
形の多義性　44
カフェウォール錯視（cafe-wall
　　illusion）　52, 53
加法混色（additive color mixture）　2
感覚の種類（modality, モダリティ）
　　21

寒色（cool color）　21

機械的因果性　109
軌道の歪み　101
客観的構えの要因（factor of objective
　　set）　56, 57
鏡映像効果（mirror image effect）
　　109
凝視　96, 97, 100
　　──点　122
共通運命要因（factor of common
　　fate）　56, 114
距離　100
近接の要因（factor of proximity）
　　54, 59, 60, 114
近傍運動（short-range motion）　118

群化（pereceptual grouping）　54, 55

ゲシュタルト心理学（Gestalt
　　psychology）　54
ゲシュタルト要因（法則）（Gestalt
　　factor or law）　54
ゲーテの色円　7
減法混色（subtractive color mixture）
　　2

『光学』（ニュートン）　28
広角レンズ　74
後退色（receding color）　2, 15
固視　96
言葉（単語）と色　27
コルテの法則（Korte's laws）　115,
　　117
混色（color mixture）　2

▶ サ 行

サイクロイド　108
最小変化への分配の原理　122
彩度（saturation）　6, 21, 30
錯視（optical illusion）　48
　　——図　39, 49
　　——の異方性（anisotropy）　50, 51
　　市松模様——　52
　　エビングハウス（Ebbinghaus）
　　　　——　48-50
　　遠近の——　88
　　オッペル・クント（Oppel-Kunt）
　　　　——　49
　　回転変動型——　125
　　カフェウォール（cafe-wall）——
　　　　52, 53
　　滝の——　98
　　ツェルナー（Zöllner）——　48-50
　　デルブーフ（Delboeuf）（同心円）
　　　　——　48-51
　　土星——　123
　　フィレーネ（Filehne）——　100
　　藤井——　101
　　ブルドン（Bourdon）の——　119
　　フレーザー（Fraser）の——　48, 49
　　ヘリング（Hering）——　48-50
　　ヘルムホルツ（Helmholtz）——　49
　　ポッゲンドルフ（Poggendorf）
　　　　——　48, 49
　　ポンゾ（Ponzo）——　48, 49
　　ミュラー・リヤー（Müller-Lyer）
　　　　——　48, 49

ランダムドット・キネマトグラム　115
視覚像　68
視覚のピラミッド　72
色円（color circle）　6, 7
　　オストワルト（Ostwald）の——　8, 9
　　ゲーテ（Goethe）の——　7
　　ニュートン（Newton）の——　7
　　マンセル（Munsell）の——　7
色覚異常　14
色彩感情　31
色彩調和（color harmony）　28-30
色彩調和（理）論　6, 28
『色彩論』（ゲーテ）　29
色相（hue）　6, 18, 19
　　——別平均調和　32
自動運動（autokinetic movement）　97
社会的因果性の知覚　110
写真　72
収縮色（contractive color）　12, 17
主観色（subjective color）　120
主観的輪郭（subjective contour）　42, 43
純粋運動（純粋ファイ）　115
消失点（vanishing point）　122
伸縮性運動　109
進出色（advancing color）　12, 15
心的回転（mental rotation）　44, 46

図（figure）　18, 40, 108
水晶体　80
錐体（cone）（視細胞）　4

図‐地反転図形　18, 39-41
ステレオスコープ（stereoscope）　67, 78, 79
図と地の分化　41, 108
ストロボ視　114
スリット視　125, 127

接近後退運動　107
セマンティック・ディファレンシャル法（Semantic Differential, SD 法）　18, 20
線遠近法（linear perspective）　68, 72, 80
全体野（Ganzfeld）　40, 41

増員現象　119
相殺説　96
速度　100
　　――の移調現象　104
　　――のブラウン（Brown）効果　105
ゾートロープ（zoetrope）　116

▶タ　行
大気遠近法（aerial perspective）　80, 81
多義図形（ambiguous figure）　39, 46, 47
滝の錯視（waterfall illusion）　98
暖色（warm color）　21

地（ground）　18, 40, 108
知覚像　68, 69
調節（accommodation）（遠近の）　80

追視　95, 96, 100
ツェルナー錯視（Zöllner illusion）　48-50, 101

テクスチャーの勾配（texture gradient）　73, 80, 81
デルブーフ（Delboeuf）（同心円）錯視　48-51

透視画（図）法（perspective）　68, 70, 72, 85
透明視現象（apparent transparency）　47
特殊神経エネルギー説（ミューラー）　4
土星錯視　123
トンネル効果　112

▶ナ　行
なめらかな経過（あるいはよい連続）（factor of good continuation）の要因　56

虹　2
ニュートン（Newton）の色円　7

▶ハ　行
バイオロジカル・モーション（biological motion）　112, 113
白色光　2
パークス（Parks）効果　127
パークスの"らくだ"現象　125
パースペクティヴ　73
波長（光）　2
反対色（opponent color）　4

ビックリハウス現象　102, 103

フィレーネ（Filehne）錯視　100
風車錯視（windmill illusion）　104
フェナキストスコープ
　　（Phenakistoscope）　116
不可能な3角形（ペンローズ）　92, 93
輻輳（convergence）　80, 81
藤井錯視（Fujii illusion）　101
ブルドン（Bourdon）の錯視　119
プルフリッヒ効果　106
フレーザーの錯視（Fraser illusion）
　　48, 49
文脈効果（context effect）　46

閉合の要因（factor of closure）　54
ヘリング錯視（Hering illusion）
　　48-50, 101
ヘリングの反対色説　4, 5
ヘルムホルツ錯視（Helmholtz
　　illusion）　49
偏位の矛盾　50, 51
ベンハムのこま（Benham top）　120,
　　121

望遠レンズ　74
膨張色（expansive color）　12, 17
補色（complementary color）　10, 29
ポッゲンドルフ錯視（Poggendorf
　　illusion）　48, 49
ポンゾ錯視（Ponzo illusion）　48, 49

▶マ　行
マンセル（Munsell）の色立体　6, 9,

29
マンセル（Munsell）の色円　7

ミュラー・リヤー錯視（Müller-Lyer
　　illusion）　48, 49

ムーン・スペンサーの色彩調和理論
　　29

明度（lightnees）　6, 18, 21, 25, 30
　　——尺度（グレイ・スケール）　8
メテリ（Metelli）図形　124, 125

モアレ図（moiré fringes）　106
網膜　4
　　——像　68, 69, 85
毛様体筋　80
モダリティ（modality）　21

▶ヤ　行
ヤング・ヘルムホルツの3色説
　　（trichromatic theory）　4, 5

誘導運動（induced motion）　102, 103
揺れる部屋現象　103

よい形の要因（factor of good shape）
　　56

▶ラ　行
ラバーペンシル錯視　107
ランダムドット・キネマトグラム
　　（random dot kinematogram）　115
ランダム・ドット・パターン　118

リサジュー図形（Lissajous figure）
　106
流線（action lines）　107
両眼視差（binocular parallax）　67，
　72, 78, 79

類同の要因（factor of similarity）　54，
　59, 60
ルビン（Rubin）運動　108, 122

連想色　26

ローゼンバッハ（Rosenbach）現象
　125
ロールシャッハ検査（Rorschach
　test）　47

▶ワ　行

枠組み（framework）　44
　——効果　102
ワゴン・ホイール（Wagon-Wheel）
　効果　108

著者・DVD 制作者・映像制作者紹介

大山 正（おおやま ただす）【1-3章】
1956年東京大学大学院特別研究生修了。文学博士。千葉大学人文学部教授，東京大学文学部教授，日本大学文理学部教授を歴任。専門は実験心理学，視覚心理学。
主な著書は，『色彩心理学入門』(1994年，中公新書)，『視覚心理学への招待』(2000年，サイエンス社)，『知覚を測る』(2010年，誠信書房) ほか。

鷲見成正（すみ しげまさ）【4章，DVD 制作】
1964年慶應義塾大学大学院社会学研究科心理学専攻修了。文学博士。慶應義塾大学教授，日本女子大学教授，帝京平成大学教授を歴任。慶應義塾大学名誉教授。専門は実験心理学，視覚心理学。
主な著書は，『知覚』(共著，1970年，東京大学出版会)，『視覚情報処理』(共著，1979年，朝倉書店)，『錯視の科学ハンドブック』(分担，2005年，東京大学出版会)，ほか。

五十嵐賢紘（いがらし まさひろ）【DVD 制作】
2008年武蔵野美術大学造形学部視覚伝達デザイン学科卒業。グラフィックデザイナー。エディトリアル系デザイン事務所を経て，2014年より独立。雑誌，書籍等紙媒体のデザインに携わる一方，大学在学中より錯視をテーマとした作品制作，ワークショップを行う。

鈴木清重（すずき きよしげ）【映像制作・素材提供】
2004年立教大学大学院文学研究科心理学専攻博士課程後期課程単位取得退学。博士（心理学）。立教大学現代心理学部映像身体学科助教等を経て現在，専門学校桑沢デザイン研究所非常勤教員，女子美術大学，慶應義塾大学非常勤講師，NPO法人こころのサイエンスミュージアム監事。専門は実験心理学，映像心理学。
著書は，『たのしみを解剖する－アミューズメントの基礎理論』(共著，2008年，現代書館)。

見てわかる視覚心理学

初版第 1 刷発行　2014 年 4 月 20 日

著　者	大山　正・鷲見成正
DVD 制作	鷲見成正・五十嵐賢紘
映像制作・素材提供	鈴木清重
発行者	塩浦　暲
発行所	株式会社 新曜社

〒101-0051　東京都千代田区神田神保町 3-9
電話（03）3264-4973・Fax（03）3239-2958
E-mail：info@shin-yo-sha.co.jp
URL http://www.shin-yo-sha.co.jp/

印　刷	メデューム
製本所	難波製本

©Tadasu Oyama, Shigemasa Sumi, 2014 Printed in Japan
ISBN978-4-7885-1382-2　C1011

新曜社の関連書

視覚ワールドの知覚　　　　　　J. J. ギブソン 著　　　　　　　　A5判320頁
　　　　　　　　　　　　　　　　　東山篤規・竹澤智美・村上嵩至 訳　本体3500円

錯覚の世界　　　　　　　　　　J. ニニオ 著　　　　　　　B5判変型226頁＋カラー12頁
古典からCG画像まで　　　　　　　鈴木光太郎・向井智子 訳　　　　　本体3800円

視覚のトリック　　　　　　　　R. N. シェパード 著　　　　　　　A5判248頁
だまし絵が語る〈見る〉しくみ　　　鈴木光太郎・芳賀康朗 訳　　　　　本体2400円

もうひとつの視覚　　　　　　　M. グッデイル・D. ミルナー 著　A5判208頁＋カラー8頁
〈見えない視覚〉はどのように発見されたか　鈴木光太郎・工藤信雄 訳　本体2500円

キーワード心理学シリーズ１　　重野純・高橋晃・安藤清志 監修　　A5判164頁
視　　　覚　　　　　　　　　　石口　彰 著　　　　　　　　　　　本体2100円

共感覚　　　　　　　　　　　　J. ハリソン 著　　　　　　　　　四六判348頁
もっとも奇妙な知覚世界　　　　　　松尾香弥子 訳　　　　　　　　　本体3500円

誰のためのデザイン？　　　　　D. A. ノーマン 著　　　　　　　　四六判456頁
認知科学者のデザイン原論　　　　　野島久雄 訳　　　　　　　　　　本体3300円

エモーショナル・デザイン　　　D. A. ノーマン 著　　　　　　　　四六判376頁
微笑を誘うモノたちのために　　　　岡本　明・安村通晃・伊賀聡一郎・上野晶子 訳　本体2900円

脳は絵をどのように理解するか　R. L. ソルソ 著　　　　　　　　　A5判368頁
絵画の認知科学　　　　　　　　　　鈴木光太郎・小林哲生 訳　　　　本体3500円

鏡という謎　　　　　　　　　　R. グレゴリー 著　　　　　　　　A5判424頁
その神話・芸術・科学　　　　　　　鳥居修晃・鹿取廣人・望月登志子・鈴木光太郎 訳　本体4500円

＊表示価格は消費税を含みません。